Le Pouvoir de la Planification Financière

1ère édition

Copyright 2021 Riko Assumpção et Virgile Robin

Publiée par Riko Assumpção et Virgile Robin

Ce livre a uniquement été créé pour votre satisfaction personnelle. Ce livre ne peut pas être revendu ou donné à d'autres personnes. Si tu lis ce livre sans l'avoir acheté ou que tu n'as pas à cœur de t'y intéresser, alors s'il te plaît, retourne dans ton magasin préféré ou revendeur et achète ton propre livre. Merci de respecter le long travail de l'auteur.

Le Pouvoir de la Planification Financière

1ère édition

Auteur : Riko Assumpção

Editeur : Virgile Robin

Sommaire

PARTIE I : Adopte le Bon État d'Esprit

Introduction	7
Choisir une direction	15
La vie est trop courte pour ne pas la planifier	23
Comprend ta place dans le monde économique	40
Qu'est-ce que l'argent ?	47
L'économie est un jeu gagnant-gagnant	54
Qui est responsable de ta vie ?	61
La triade de la valeur : temps, argent et énergie	70
Connaitre ton « Toi Economique »	83
La Gestion Financière en Couple	94

PARTIE II: Contrôle et Planifie tes Finances

Planifier c'est décider et agir	99
Contrôle tes finances	102
Les revenus	108
Les Dépenses Récurrentes	114
L'Épargne pour les Dépenses à Court et Moyen Terme	127
La survie en Premier	137

PARTIE III: Détermine ta Stratégie d'Investissement

Les Investissements	145
Les Produits Financiers	164
Investir doit être simple	175

Se constituer un portefeuille qui génère des revenus supplémentaires	187
L'Immobilier	215
Le mythe du « One Shot » qui va te sauver	238
Qu'est-ce que ça signifie « être riche » ?	246
L'Indépendance Financière	250
C'est très bien, mais je suis endetté. Alors comment faire ?	255
Bonus : Tableur Financier	259
Cas pratique	261
Commence dès maintenant !	264

ANNEXES

Recommencer le Cycle	271
Étapes pour Organiser ses Finances	275
C'est quoi la suite ?	277
Remerciements	280
À propos de l'Auteur	282

Introduction

Comment gérer notre argent ?

Nous sommes tous confronté à cette question et à toutes les autres qui en découle dans notre vie quotidienne :

- Quel est mon budget pour cela ?
- Est-ce que je peux me permettre d'acheter ça ?
- Combien me restera-t-il à la fin du mois ?
- Quel montant pourrais-je investir ?
- Où devrais-je investir ?

L'éducation financière est la solution pour répondre à ces questions. Malheureusement, ce n'est pas une matière enseignée à l'école. Parfois ce sont nos parents qui nous transmettent leurs connaissances dans ce domaine, ou bien encore des amis ou des collègues. Généralement, on pense tous savoir gérer notre argent pour la simple et unique raison que la majorité d'entre-nous ne finissons pas notre mois dans le rouge. Mais là n'est pas la question. Il ne s'agit pas simplement d'être capable de survivre avec l'argent que l'on gagne. Il est question de pouvoir vivre confortablement et d'augmenter notre niveau de vie au fur et à mesure sans compromettre notre sécurité financière. Ici le sujet n'est pas uniquement de prendre conscience de l'importance d'épargner, mais de savoir où et comment épargner par rapport à nos objectifs pour optimiser et faire fructifier nos finances. Même si c'est un sujet très sérieux, il n'est pas nécessaire de le rendre froid et trop solennel. En adoptant un ton amical, ce livre a pour objectif de te donner les bases de l'éducation financière pour te permettre de t'enrichir de manière stable et durable.

Il est composé en 3 parties : l'état d'esprit, le contrôle et la planification financière, les stratégies d'investissement.

L'éducation financière reste de la théorie. Une théorie fondamentale certes, mais à quoi bon accumuler ces connaissances si tu ne les mets pas en pratique ?

La première partie de ce livre se focalise sur l'état d'esprit à avoir pour mettre en place les différents éléments que tu apprendras dans ce livre. Car, selon moi, il est facile de comprendre tous les aspects de ce livre, il a d'ailleurs été écrit pour cela. Mais il peut être beaucoup plus difficile de changer toutes nos mauvaises habitudes financières. Les habitudes peuvent toutes être remplacées par de nouvelles qui seront sans doute, certes, plus contraignantes mais surtout plus saines et plus fructueuses. Cette partie t'aidera à te motiver pour atteindre tes objectifs.

C'est dans la seconde partie que tu vas découvrir les bases de l'éducation financière. Les chapitres sont organisés par ordre de priorité. En effet, se constituer une épargne pourrait s'apparenter à la construction d'une maison. Tu dois commencer par les fondations pour ensuite ajouter les murs, et enfin, un toit. Crois-moi, pour avoir une maison solide, il vaut mieux suivre cet ordre. C'est pourquoi, chapitre par chapitre, tu découvriras tous les éléments à connaitre pour te constituer l'épargne parfaite. Celle qui te permettra de faire face à tous les dangers et qui te conduira sur la route de l'enrichissement.

La dernière et troisième partie est consacrée aux stratégies d'investissement. Une fois que ta maison est construite et que tu es en sécurité à l'intérieur, il ne te reste plus qu'à la rendre plus belle. Les stratégies d'investissement ont pour objectif de t'enrichir. Tu découvriras dans cette partie les différents moyens qui sont à ta disposition pour y arriver.

Voici donc les 3 parties que tu seras amené à découvrir dans ce livre. J'espère qu'elles t'intéresseront toutes et que ce livre te satisfera.

Il ne me reste plus qu'à te souhaiter une bonne lecture !

À tous ceux qui, sans le savoir, m'ont tellement appris ...

« Voudriez-vous me dire, s'il vous plaît, par où je dois m'en aller d'ici ? » Demanda Alice au Chat du Cheshire

« Cela dépend beaucoup de l'endroit où tu veux aller. » Répondit le Chat

« Peu importe l'endroit » Dit Alice

« Dans ce cas, peu importe la route que tu prendras, n'est-ce pas ? »

PARTIE I
ADOPTE LE BON ÉTAT D'ESPRIT

CHAPITRE UN
Choisir une direction

Région de Biarritz, Pays Basque, France

14 Juin 2017

Na Pali – c'est le nom d'une île Hawaïenne mais aussi le nom de l'immeuble où est situé le Siège Social de Quiksilver, à Saint-Jean-de-Luz dans le Sud-Ouest de la France.

Les murs et les plafonds étaient recouverts de planches de surf et de snowboards. Cet immeuble, conçu exclusivement en bois, était presque caché dans une forêt de pins. L'architecte qui l'avait réalisé avait d'ailleurs reçu le prix du meilleur bâtiment d'Europe pour son œuvre. Il avait été imaginé avec l'objectif d'apporter un environnement de bien-être que les surfeurs pourraient apprécier.

J'étais au beau milieu de mes 6 mois de stage nécessaire à l'obtention de mon MBA.

Mec, je vivais un rêve !

Travailler chez Quiksilver et avoir la qualité de vie du Pays Basque était inimaginables pour le brésilien carioca[1] que je suis. Mon travail était à seulement 5 minutes en voiture de mon appartement. Je découvrais la semaine de 35h à la française et j'en profitais pleinement. Je travaillais de 9h30 à 18h et j'avais 1h30 de pause déjeuner. Le midi, chacun prenait le temps de faire du sport. Certains partaient pour courir, d'autres allaient nager, faire du skate, jouer au foot ou bien, si les vagues étaient

---

[1] Nom donné aux habitants natifs de Rio de Janeiro, Brésil

bonnes, la plupart d'entre nous attrapions nos planches de surf et traversions la rue pour aller surfer à Lafitenia. C'est l'une des plages dotées des meilleurs vagues de la région.

Un jour, après une journée de travail, une fête avait été organisé pour présenter la nouvelle collection. Des mannequins défilaient dans l'Agora, le hall central qui liait les différents bâtiments du siège.

Un écran géant, placé dans l'Agora, montrait le championnat de surf des Fiji où Matt Wilkinson et Connor O'Leary étaient face à face dans des vagues dignes de figurer parmi les meilleurs du monde. J'étais à l'extérieur, en train de profiter de l'une de ces chaudes soirées d'été, typique du Sud-Ouest de la France. J'écoutais Tom Curren jouer des musiques de surf, tranquilles et agréables, avec sa guitare.

Pour ceux qui ne se rappellent pas, Curren, est un triple champion du monde de surf, une sorte de « Kelly Slater » des années 80.

Tous les détails de cette soirée restent imprégnés dans ma mémoire. De l'odeur des fleurs, caractéristique de la fin de l'été, des musiques que Curren jouait, jusqu'au goût de la Caïpirinha que je buvais.

J'avais un sentiment d'accomplissement : Je l'ai fait, j'ai tout ça !

Mais à un moment, pendant que je remuais les glaçons de ma Caïpirinha, une idée me traversa l'esprit pour la première fois : « C'est quoi la suite ? ».

Ma vie n'était pas finie et j'avais en moi le besoin d'accomplir quelque chose de plus grand. Tu sais, j'étais arrivé au stade de ma vie que j'avais toujours rêvé. Je cogitais l'hypothèse de rester ici. Honnêtement, qu'est-ce qu'il y aurait de mal à vivre proche de plages magnifiques, d'avoir du temps pour surfer tous les jours et d'être sûr que rien de mal n'arriverait à tes enfants ? Il n'y avait rien de mal à ça. Mais au fur et à mesure, , cette pensée ne faisait que revenir plus forte et plus fréquemment.

Ma femme, Alice, notre fille la plus âgée, Anna et moi, avions déménagés en France un an avant cela. Quand nous sommes arrivés en France pour mon MBA, Alice découvrit qu'elle était enceinte. Nous vivions dans la magnifique ville de Bordeaux, alliant un aspect chic et décontracté, connu pour être l'un des foyers des meilleurs vins du monde.

Même si je travaillais énormément pour mes études, nous avions du temps à passer ensemble. C'est une chose qui nous manquait avant de déménager en France. Cette période fut le fruit d'un grand changement dans ma vie. Notre plan initial était de retourner au Brésil après l'obtention de mon MBA. Mais, nous n'avons pas voulu cela. Nous adorions tellement notre vie en France que nous avons décidé d'y rester et de poursuivre l'aventure.

C'était une période de grande réflexion pour moi.

C'était aussi une grande étape. Je devais décider ce que je voulais faire de ma vie. Je devais aussi m'assurer que la décision que nous allions prendre serait la bonne. C'était la première fois que je me posais tranquillement pour planifier l'entièreté du reste de ma vie. Le temps passe, que tu le veuille ou non, il va passer. Peu importe si tu l'as planifiée ou non.

J'avais beaucoup appris au sujet de la planification pendant ma carrière dans la Finance. C'est grâce à cela que j'ai réalisé son importance.

Mais honnêtement, avant cela, je dois avouer que je n'étais pas connu comme celui qui planifiait le plus. Quand j'étais jeune, je détestais planifier la moindre chose. J'aurais accepté toutes les invitations auquel on m'aurait convié. J'aurais ensuite essayé d'y aller mais sans jamais m'y engager solennellement.

J'étais en retard pour la plupart d'entre elles et je ne confirmais ma présence qu'à la dernière minute. Si tu demandes à n'importe lequel de mes amis, ils te confirmeront certainement à quel point c'était un cauchemar pour eux de faire en sorte que je sois présent à un évènement.

Pour faire simple, je détestais tous les types d'engagements.

J'avais une phobie de la planification. Je préférais ne pas savoir, ne pas prévoir et juste laisser les évènements arriver par eux-mêmes.

J'avais le sentiment que dès lors que je m'étais engagé, même si ce n'était que pour aller dans un bar avec des amis, ce ne serait pas si amusant. Ce serait un compromis ! Et si je suis fatigué vendredi soir ? Et s'il pleut et que je préfère rester chez moi à regarder des films à la télé ? Et si quelqu'un arrive et me propose une meilleure invitation ?

Quand j'étais dans le « Graduate Talent Program » dans mon ancien travail, j'avais passé le Myers–Briggs Type Indicator – connu sous le nom de « test de personnalité MBTI ». Le résultat était que j'étais un véritable « P » (qui signifie Perception). Les « P » sont des gens décontractés, ouverts, prompts, spontanés et plein d'avenir.

L'opposé du "P" est le « J », pour Jugement. Ils sont rationnels, méthodiques, organisés, lève-tôt et prévoyant.

J'étais tellement un "P" qu'un ami à moi m'avertissait à chaque fois que j'agissais d'une manière typiquement digne d'un « P ».

Ça, c'était moi.

Aujourd'hui, je suis l'auteur de livres sur la Planification Financière. Je travaille avec les plannings financiers de mon entreprise tous les jours et je parle de l'importance de la planification dans les articles de mon blog.

J'ai changé, évolué et finalement, j'ai transformé le désordre qui avait toujours été omniprésent dans ma vie. Pour ce faire, je n'ai utilisé qu'une seule chose et, aujourd'hui, je doute fortement de ma capacité à m'en passer : la planification.

Lorsque j'ai découvert cela, je me suis rendu compte à quel point c'était gratifiant d'accomplir ce que l'on a planifié. Pour certaines personnes, cela peut être inné et naturel, je suis d'accord. Mais, si ce n'est pas ton cas, il est toujours possible d'apprendre et de changer.

Il n'y a pas d'évolution sans changement. C'est un effort perpétuel. La première étape est de décider de changer. Tout commence dans notre cerveau : qui et où est-ce que tu veux être dans le futur ?

L'étape d'après est la planification. Enfin, le plus important reste le comportement à adopter.

Comme dit Rachel Dawes, « Qui que l'on soit au fond de nous, nous ne sommes jugés que d'après nos actes. » En effet, c'est notre comportement qui nous définit. C'est ainsi que mon histoire avec la planification commence, avec de grands changements au fur et à mesure du temps. Un pas à la fois, mais toujours en continuant d'avancer, un peu comme Bruce Wayne. Lui qui avait été traumatisé par les chauves-souris après les avoir rencontrés en tombant dans un puit, mais qui, finalement, en a fait sa force et a utilisé la chauve-souris comme symbole de sa puissance.

Quand nous identifions en nous une faiblesse et que nous nous efforçons de la changer, au fil du temps, nous pouvons la tourner à notre avantage.

Désormais, je veux t'aider à découvrir ce que j'ai découvert.

Comme le dit le futurologue australien Peter Ellyard, nous ne pouvons pas créer un futur que nous n'avions pas imaginé auparavant. C'est précisément ce qu'est la planification : la création du futur. La planification n'est pas un jeu de hasard, mais plutôt un ensemble des décisions et de compromis.

Mais revenons à mon séjour dans le Pays Basque. L'un de mes projets était d'écrire un livre ayant pour sujet la Planification Financière. Ce livre pourrait servir d'outil pour toutes les personnes qui souhaitent organiser leur vie financière.

À l'époque, la plupart des livres sur la Finance était plutôt des livres de développement personnel. Bon, il n'y a rien de mal à ça, ce sont tous de bons livres. Cependant, il n'existait pas de véritable guide pour nous montrer les étapes qui nous aiderait à organiser notre vie financière.

J'essayais de trouver mon propre chemin, alors j'ai commencé à planifier mon futur sous la forme d'un sommaire. C'était la première fois que je faisais ça.

En parallèle, plusieurs de mes amis me demandaient d'écrire un livre à propos des Investissements. Ce n'était vraiment pas une mauvaise idée.

Dès lors que je me suis lancé dans ce projet, la portée de mes recherches s'étendait. C'était comme si je m'aventurai profondément dans les principales raisons pour lesquelles les gens ont des problèmes avec l'argent. Je me demandais souvent « Pourquoi ? » lorsque j'essayais de trouver l'origine et les raisons de la lutte entre certaines personnes et leur finance.

La première étape pour commencer à investir, c'est que tu dois avoir de l'épargne. Tout le monde n'en possède pas, pourquoi ? Parce qu'ils ne possèdent pas les compétences élémentaires nécessaires à la gestion de leur budget.

Et pourquoi cela ? Une des raisons est qu'ils ne l'ont pas appris à l'école. Pourquoi ? Parce que la société décide des programmes d'enseignements et apparemment, ce n'est pas leur priorité d'apprendre aux enfants comment gérer leur argent.

Nous pouvons toujours apprendre par nous-même, surtout à notre époque où tous les livres, e-books, vidéos n'ont jamais été aussi omniprésents et accessibles. Mais, aussi incroyable que cela puisse paraître, la plupart des gens pensent que leur vie ne dépend pas d'eux.

S'ils sont malheureux au travail, c'est à cause de leur manager. Si leur qualité de vie n'atteint pas leur espérance, c'est à cause des politiciens, des banquiers … nommes les comme tu veux. Tout ce qui se passe dans leur vie est du ressort d'un autre. De leur point de vue, ils ne sont coupables de rien. Ils ne sont que de simples victimes du monde extérieur. Pour eux, c'est simplement « la vie ».

Pourquoi est-ce qu'ils s'embêteraient à planifier leur vie s'ils pensent que, dans tous les cas, elle dépend plus des autres que d'eux-mêmes ? De plus, certaines personnes ne voient pas l'argent d'un bon œil car il la considère comme une source d'injustice, de cupidité et d'avidité. D'autres, essayent de trouver un compromis entre vivre leur vie et organiser leur vie financière.

Il existe de multiples raisons qui pourraient nous donner une mauvaise image de l'argent et je vais parler de chacune d'entre-elles.

Je vais aussi te partager, à la fin de mon livre, le modèle de mon tableur Excel de Planification et de Contrôle afin que tu puisses l'utiliser ou avoir des idées pour agrémenter le tiens.

Tu sais, ce n'est pas un livre de développement personnel. Je ne te promets pas que tu vas automatiquement devenir millionnaire en plaçant ta main sur ton cœur et en le criant très fort. Ce que je vais te montrer ici c'est comment tu devrais penser ta vie économique. Je vais t'apporter de vrais exemples et conseils pour te débarrasser de tes dettes, pour contrôler ton budget mensuel et investir. Je vais aussi évoquer en détail le comportement et l'état d'esprit qui te permettra de réussir dans ce domaine, car sans cela, tu te retrouveras certainement coincé.

Certaines connaissances sont essentielles pour établir une vie financière saine. Personnes n'arrive un jour à un stade où il n'a plus rien à apprendre et personne ne connait si peu de choses qu'il n'aurait rien à apprendre aux autres. Chacun peut agir à sa manière pour notre monde.

Ma « manière » est celle-ci. Je suis ici pour partager avec toi tout ce que j'ai appris.

Allez, on commence !

CHAPITRE DEUX
La vie est trop courte pour ne pas la planifier

« Avoir en tête que je peux mourir bientôt est ce que j'ai découvert de plus efficace pour m'aider à prendre des décisions importantes.

Parce que presque tout ce que l'on attend de l'extérieur, nos vanités et nos fiertés, nos peurs de l'échec, s'effacent devant la mort, ne laissant que l'essentiel.

Se souvenir que la mort viendra un jour est la meilleure façon d'éviter le piège qui consiste à croire que l'on a quelque chose à perdre.

On est déjà nu.

Il n'y a aucune raison de ne pas suivre son cœur.

[...]

Personne ne désire mourir. Même ceux qui veulent aller au ciel n'ont pas envie de mourir pour y parvenir. Pourtant, la mort est un destin que nous partageons tous. Personne n'y a jamais échappé. Et c'est bien ainsi, car la mort est probablement ce que la vie a inventé de mieux. C'est le facteur de changement de la vie. Elle nous débarrasse de l'ancien pour faire place au neuf. » (Steve Jobs, Discours de Stanford, 2005)

Je pense que nous sommes tous d'accord avec ces mots prononcés par Steve Jobs. Ils ont un sens profond et sont logiques. Mais lorsque nous y sommes confrontés, la plupart d'entre-nous réfute cette logique.

Étonnamment, l'incapacité à prévoir la date de notre mort est l'excuse la plus utilisé pour ne pas planifier. Par ailleurs, et à terme, cela peut nous empêcher d'accomplir quoi que ce soit d'important dans notre vie. Plutôt que d'utiliser cette fatalité pour les motiver à avancer, la plupart des gens voient cela comme une contrainte et se découragent.

Pour certaines personnes, planifier signifie espérer vivre assez longtemps pour bénéficier des sacrifices effectués aujourd'hui. Mais puisque rien ni personnes ne peut leur garantir que ce sera le cas, ils ne voient pas l'intérêt de planifier ou d'investir. En vérité, ils disent que nous pouvons mourir à n'importe quel moment et que, de toute façon, nous ne n'emmèneront rien avec nous de ce monde.

Si on utilisait cette excuse pour tous les aspects de la vie, au-delà de l'aspect financier, alors on arrêterait d'entreprendre quoi que ce soit.

Pourquoi passerions-nous des années à étudier à l'université si l'on doute d'être encore en vie pour profiter de cet investissement ?

Pourquoi contracterions-nous un prêt bancaire pour acheter un bien immobilier si l'on doute que cette propriété nous appartienne pleinement un jour ?

Voici ce qu'on obtient si l'on pousse cette pensée à son paroxysme. Si l'on doute tellement de notre capacité à être vivant demain, pourquoi travaillerions-nous jusqu'à la fin du mois sachant que nous ne sommes pas sûrs d'être vivants pour recevoir notre salaire ?

Cette pensée est très présente au Brésil, mais on la retrouve un peu partout dans le monde. Ce qui me surprend le plus avec cette philosophie c'est que, en général, elle n'est utilisée que pour éviter d'organiser ses finances.

J'ai longtemps entendu des gens partager cette pensé et lorsque j'en avais l'occasion, je rétorquais toujours avec la même question : « d'accord, mais que feras-tu si tu es assez malchanceux pour survivre jusque-là ? »

Survivre ne devrait pas être considéré comme une malchance. Cependant, certaines personnes s'efforcent de le croire. Le futur qu'ils créent n'a que deux options : mourir ou vivre sans jamais n'avoir rien réalisé de concret.

Qu'est-ce qui ne tourne pas rond chez ces gens ?

Je vais vous dire ce qui ne va pas, cette excuse est uniquement utilisée pour essayer de justifier leur comportement consumériste. Ils ne veulent pas admettre que ce qui leur manque véritablement, c'est de l'implication pour contrôler leur propre vie. Ils cherchent à rationaliser leur attitude.

Mais il y a toujours eu ceux qui pensent différemment.

L'une des périodes où l'évolution de l'histoire des Hommes a été la plus importante est la révolution agricole. Elle a eu lieu il y a 10 000 ans et elle est appelée la période Néolithique. Remis à l'échelle de l'existence humaine, c'était hier.

Pendant des milliers d'années, les Hommes se déplaçaient d'un endroit à un autre à la recherche de nourriture. C'était nécessaire à leur survie.

Ils étaient divisés en groupuscule de nomades et dépendaient exclusivement de la chasse et de la collecte de fruits et légumes trouvés dans la nature.

Les débuts de l'agriculture ont été une véritable révolution pour le mode de vie des hommes. Quand nous avons décidé de planter notre propre nourriture, nous n'avions plus besoin de nous déplacer constamment pour survivre. La première société sédentaire est née et les Hommes pouvaient se protéger.

La découverte de l'agriculture a permis d'optimiser la production de nourriture. En effet, les hommes ont ainsi appris à sélectionner les meilleures graines à ensemencer. Ils ont aussi développés des méthodes afin de favoriser la croissance des fruits et légumes. Ces denrées étaient donc plus nombreuses et plus nutritives que celles trouvées dans la nature.

Les Hommes sont donc devenus plus résistants et par conséquent, leurs chances de survie ont augmentés.

Tout ce qui est lié de près ou de loin aux inventions technologiques, économiques et sociales n'aurait pas été possible si la révolution agricole n'avait pas eu lieu à ce moment-là.

C'est à cette période que nous avons créé le principe des villes, des métiers et en fin de compte, du monde tel que nous le connaissons.

Dans son essai intitulé « De l'inégalité parmi les sociétés », Jared Diamond disait « il y a 12 000 ans, tout le monde était chasseur-cueilleur, désormais la plupart d'entre-nous sont agriculteurs ou nourri par des agriculteurs. »

À cette époque, le seul objectif des Hommes était de survivre. Mais l'agriculture mit fin à ce mode de vie en générant une source de nourriture renouvelable. En ayant assez de nourritures pour survivre, ils pouvaient se concentrer sur d'autres activités.

Cette liberté de ne plus avoir à chasser et à cueillir constamment a permis aux individus de devenir sachants, artisans et commerçants. Pendant que certains travaillaient pour mettre de la nourriture sur la table, d'autres s'occupaient de fabriquer cette même table.

Mais même pendant la révolution agricole, beaucoup ne croyaient pas en cette invention novatrice et à ce mode de vie nouveau. Ils sont donc restés nomades pour le restant de leur vie. Ils formaient des tribus autonomes et vivaient en marge du nouveau monde qui avait émergé.

Le fait est que, planter ta propre nourriture est risqué et n'est profitable qu'après un certain temps. Tu dois prendre en compte que le fruit de ta récolte ne sera pas disponible demain et parfois même, il ne le sera jamais.

Quelquefois, il n'y a pas assez de pluie au moment où l'on en a le plus besoin. De plus, la composition de la terre ne convient peut-être pas pour faire pousser la graine que tu as plantée.

Il est nécessaire d'attendre, d'être patient et d'avoir confiance pour continuer de cultiver, jour après jour, d'irriguer et de soigner la terre même si les résultats ne sont pas immédiats. Certaines cultures requièrent plusieurs mois entre la semence et la récolte. Par ailleurs, comme si cela ne suffisait pas, c'est un travail difficile où les erreurs peuvent être fatales et où il n'y a pas de garantie que cela fonctionne.

L'ironie est que nous devons faire face à une multitude d'incertitudes pour aboutir à la sécurité.

Maintenant, imagine si à cette époque tous les habitants avaient sous-estimé leur capacité à survivre jusqu'à la prochaine récolte. Imagine si leur conscience d'avoir une vie éphémère les avaient empêcher d'entretenir et de faire pousser leur culture.

En réalité, Il y a 10 000 ans, les investisseurs sont nés. Ils étaient révolutionnaires et avaient une vision long-terme. De nos jours, il est toujours intéressant de nous rappeler de cela. C'est une précieuse leçon pour chacun d'entre-nous.

De plus, cette leçon est toujours valable. Il est toujours nécessaire de planter, d'être attentif, de persévérer chaque jour pour que nous puissions finalement récolter.

L'évolution est une conséquence.

Pour certains, cela nécessite une plus grande dose d'optimisme qu'ils n'en ont naturellement. De toute manière, un minimum d'optimisme est toujours nécessaire pour accomplir n'importe quel objectif de notre vie. Pour autant, il est vrai que c'est une caractéristique que nous ne possédons pas tous de façon innée.

Mais il n'est pas nécessaire que ça le soit.

Si l'on regarde cela d'un point de vu rationnel, on pourrait conclure que « mourir demain » est très peu probable.

Comme je l'ai dit au début du chapitre, nous allons tous mourir un jour, c'est un fait, mais laisse-moi te dire une chose : ce ne sera pas demain.

Est-ce que je peux te le garantir à 100% ? Non, bien sûr, parce qu'il est toujours possible de mourir que ce soit aujourd'hui, demain, ou les jours qui suivront.

Mais, même si cela est possible, il y est très peu probable que ce soit demain.

Sérieux …

L'espérance de vie aujourd'hui dans le monde est de 72 ans selon les données des Nations Unies.

Et le chiffre varie d'un pays à un autre. Tu trouveras une liste en dessous de l'espérance de vie à travers le monde :

Pays	Espérance de vie
Japon	84
Italie	83
Australie	83
Canada	82
France	82
Royamme-Uni	81
Alemagne	81
États-Unis	79
Mexique	77
Chine	76
Brésil	76
Russie	70
Inde	68

Juste pour te donner une idée, en 1950, l'espérance de vie dans le monde était approximativement de 50 ans.

Tu te rends compte ?

C'est une augmentation gigantesque.

Le concept même de « personnes âgées » a évolué. Comparé à la génération de mes grands-parents, mes parents sont encore jeunes à leur 60 – 70 ans.

De nombreuses raisons expliquent l'accroissement de notre longévité, des progrès médicaux, des avancés pour la santé et le bien-être.

Aux Etats-Unis par exemple, où l'espérance de vie est de 79 ans, tu pourrais croire qu'une personne arrivée à cette âge-là est proche de la fin, pas vrai ?

Pas vraiment.

Les américains ayant atteint l'âge de 79 ans, ont une espérance de vie qui augmente encore d'environ 10 ans. Si tu atteins 79 ans, tu as de grandes chances de vivre jusqu'à 89 ans.

On appelle cela l'espérance de survie.

En vérité, quand on parle d'espérance de vie, on fait généralement allusion à l'espérance de vie à la naissance.

Un bébé américain qui vient de naitre est amené à vivre jusqu'à environ ses 79 ans.

Mais malheureusement, la mortalité infantile (nourrissons n'arrivant pas au bout de leur première année) est grande. Par conséquent, la moyenne est abaissée.

Plus tu vieillis, plus tes chances de vivre plus longtemps augmentent.

Selon des données récentes, ceux qui atteignent la vingtaine, vivent en moyenne jusqu'à 80 ans aux Etats-Unis. A 40 ans, leur espérance de vie augmente à 81 ans. A 50, elle monte à 82. A 60 elle grimpe à 83. A 70 elle atteint les 85 et à 80 ans on peut prévoir de vivre jusqu'à 89 ans.

Tous ces chiffres ne sont que des moyennes. Malheureusement, certaines personnes décèdent avant d'atteindre ces âges avancés, victimes d'accident, de violences urbaines, de maladies mortelles, etc. Mais aujourd'hui, la grande majorité d'entre-nous atteindrons nos vieux jours. Car, c'est un fait, nous vivons plus longtemps.

Bien sûr, nous allons tous mourir un jour et nous ne savons pas quand. Ça pourrait être demain, mais les statistiques prouvent le contraire. À part si ta santé est dans une situation délicate, tes chances de survivre sont plus grandes que celle que tu meurs dans un futur proche. Cela malgré que la mort soit certaine pour nous tous.

Il y a une citation qui dit « vie chaque jour comme si c'était le dernier, car un jour ce sera vrai »

Ce que je veux dire par là c'est que, bien sûr un jour tu auras raison car ce sera vrai. Mais tu vivras mal tous les autres jours de ta vie.

Pour autant, ne te méprend pas. Se rappeler que nous allons mourir un jour peut être utile pour prendre des décisions importantes dans nos vies. Cette idée peut nous aider à nous pousser vers l'avant, mais elle peut aussi être utilisé comme une excuse pour nous retenir en arrière et nous empêcher de nous accomplir dans nos vies.

La vie est assez longue pour accomplir de grandes choses si on décide de suivre les plans que nous nous sommes fixés. Mais encore faut-il avoir des plans pour être capable de les suivre. Sinon, le temps ne fait que passer et tu risques de finir enfermé dans une routine sans fin et de te réveiller un jour en réalisant que ta vie est passée. Terminée.

Alors, prends ça en note : tu ne mourras probablement pas demain, mais tu mourras très certainement un jour. Rends-toi compte de ça et utilise-le en ta faveur. Il y a toujours du temps pour s'accomplir, mais tu dois commencer à faire le nécessaire dès à présent.

Une vie humaine de 90 ans en mois

Chaque ligne correspond à 36 mois = 3 ans

Naissance →

30 ans →

60 ans →

Presque 90

Le graphique ci-dessus est ce que Tim Urban appelle « le Calendrier de la Vie » Chaque cercle représente un mois d'une vie de 90 ans.

Comme tu peux le voir, il n'y a pas tant de cercles que ça, surtout si on considère qu'une bonne partie est déjà passé. Prends ton temps et regarde attentivement le calendrier. On doit penser à ce à quoi on est en train de passé à côté. Parce que je suis persuadé que chacun d'entre-nous à une idée en tête de ce qu'il veut réaliser avant de mourir.

C'est un travail pour chacun de nous. Etant donné que la quantité des cercles est limitée et décroissante, tu devrais probablement commencer à planifier et à suivre ton plan dès aujourd'hui.

Tout cela était présenté par Tim dans l'un de mes « Tedx Talks » préféré. Lors de cette même présentation, il fait référence à l'époque où il était encore étudiant en science politique à la fac. Il devait alors constamment rendre des dissertations. Il voulait s'organiser de la manière suivante :

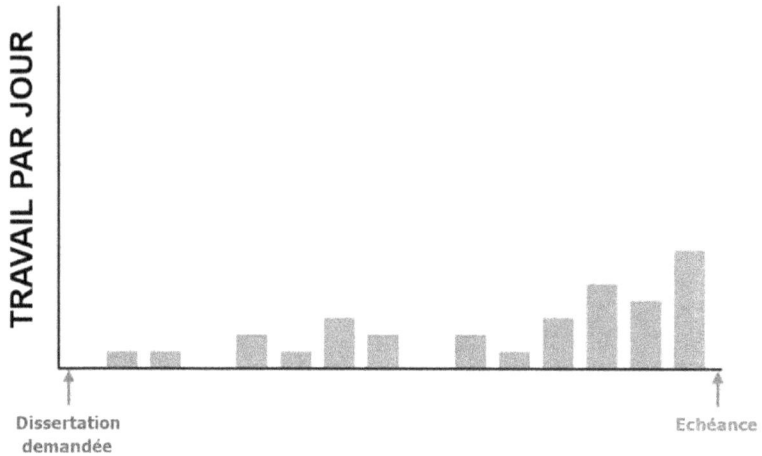

Ça c'était le plan. Il avait tout pour commencer à le suivre, mais au fur et à mesure, l'échéance se rapprochait et le graphique ressemblait plutôt à cela.

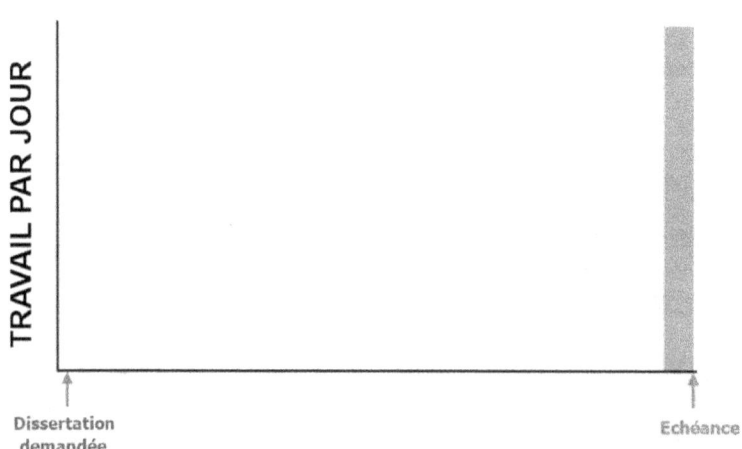

Cette habitude se répétait pour chaque dissertation qu'il devait rendre.

Puis est arrivé l'échéance de sa thèse de fin d'études de 90 pages où il est supposé travailler une année entière pour la réaliser. Il savait que pour ce travail, il ne pourrait pas s'organiser comme avec les autres dissertations. La charge de travail était trop importante, alors il a planifié son devoir de la manière suivante :

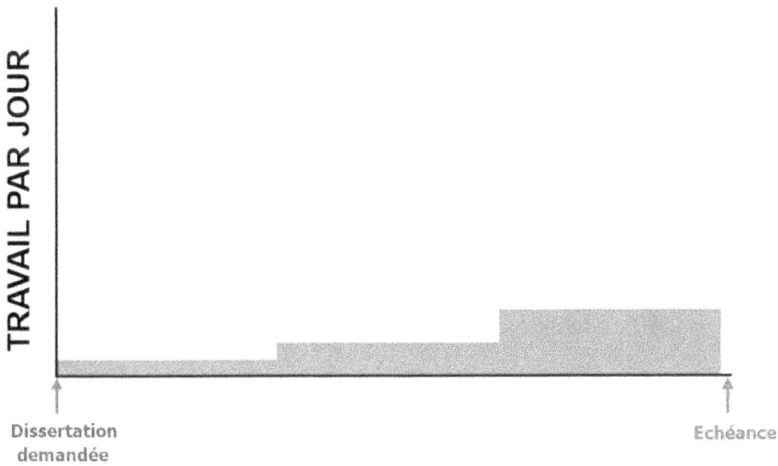

C'est comme ça que son année devait se passer. Il devait donc commencer à bosser quelques heures par semaine. Puis, à la fin de celle-ci, il lui suffisait simplement d'accroitre son temps de travail et ainsi de former un petit escalier. Mais finalement, les premiers mois sont passés et il n'avait pas suivi son plan. Puis un jour, il s'est réveillé trois jours avant l'échéance finale, sans n'avoir toujours rien rédigé.

Donc il a fait l'unique chose qu'il lui restait à faire, il a écrit 90 pages en 72 heures, en courant à travers le campus et plongeant au ralenti pour rendre sa thèse à temps.

La question à se poser c'est : « comment un gars peut être incapable d'écrire un seul mot pendant une année entière mais finalement se monter prompt à écrire une thèse de 90 pages en 3 jours ? ».

Tim est devenu un rédacteur de blog et a décidé d'écrire à propos de la procrastination. Son but, lors de cette conférence, était d'expliquer aux non-procrastinateurs du monde ce qui se passait dans la tête des procrastinateurs et pourquoi ils sont comme ça. Son hypothèse est que le cerveau des procrastinateurs est différent du cerveau des autres. Pour confirmer son idée, il a trouvé un laboratoire IRM qui l'a laissé scanner le cerveau de deux individus : un procrastinateur et un autre qui ne l'était pas.

Il avait raison et sa recherche démontrait qu'il y avait une différence notable entre les deux cerveaux. Voici le cerveau d'un non procrastinateur :

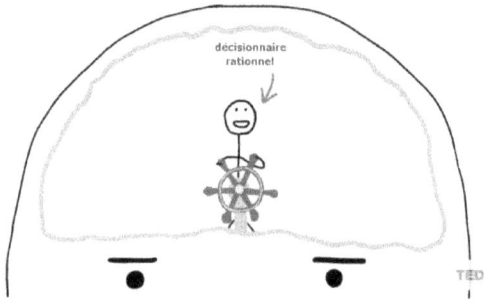

Et voici le cerveau d'un procrastinateur.

Il y a une différence.

Les deux cerveaux ont un décisionnaire rationnel en-eux, mais le cerveau du procrastinateur possède aussi un singe de la satisfaction immédiate. Maintenant, qu'est-ce-que ça signifie pour le procrastinateur ? Eh bien, ça signifie que tout va bien jusqu'à ce que le singe prenne le contrôle.

Donc, le décisionnaire rationnel va prendre des décisions rationnelles pour faire des choses productives, mais le singe n'aime pas ce plan, donc il prend le contrôle et il dit : allons plutôt lire entièrement la page Wikipédia du scandale entre Nancy Kerrigan et Tonya Harding parce que je viens juste de me rappeler que ça a existé.

Puis il t'ordonne d'aller au réfrigérateur pour vérifier si quelque chose de nouveau est apparu à l'intérieur depuis ces 10 dernières minutes. Ensuite il va commencer une spirale infernale dans YouTube en commençant par des vidéos de Richard Feynman parlant d'aimants et finir bien plus tard en regardant une interview de la mère de Justin Bieber.

« Tout ça va prendre un moment donc on ne va pas avoir de créneaux libres dans notre emploi du temps pour travailler aujourd'hui. Désolé ! » dit le singe.

Maintenant qu'est-ce qui se passe ici ? Le singe de la satisfaction immédiate ne semble pas vouloir renoncer au contrôle du cerveau. Il vit uniquement dans le moment présent. Il n'a aucune mémoire du passé et aucune considération pour le futur, il ne se souci que de deux éléments : la facilité et l'amusement.

Dans le monde animal, ça fonctionne bien. Si tu es un chien et que tu passes toute ta vie à rien faire d'autres que des activités faciles et amusantes, alors tu auras une réussite phénoménale. Pour les singes, les humains ne sont qu'une autre espèce animale. Tu dois juste continuer à bien dormir, bien manger et te reproduire jusqu'à la prochaine génération. Ce qui fonctionnait plutôt bien à la préhistoire.

Mais au cas où tu n'as pas remarqué, on n'est plus à la préhistoire. Nous sommes dans une civilisation avancée et les singes ne savent pas ce que cela implique. C'est pourquoi il y a un autre gars dans notre cerveau, le décisionnaire rationnel qui nous donne la capacité de faire ce que les animaux ne peuvent pas. Nous pouvons prévoir le futur, avoir une vue d'ensemble. On peut prévoir au long-terme. Mais le singe veut prendre tout ça à son avantage. Il veut juste qu'on fasse ce qui a du sens à l'instant présent.

Parfois, ça peut être censé de faire des choses faciles et amusantes comme prendre un bon repas, aller se coucher ou apprécier un temps de loisir bien mérité. C'est pour ça qu'elle se chevauche. Parfois le singe et le décisionnaire sont d'accord. Mais d'autres fois, il est beaucoup plus rationnel et intéressant d'accomplir des taches plus complexes et moins amusantes en prenant du recul. C'est à ce moment qu'il y a un conflit.

Pour le procrastinateur, le conflit a toujours tendance à se terminer de la même manière. Il passe beaucoup plus de temps dans la zone facile et amusante malgré qu'elle soit complétement en dehors de la zone raisonnable et logique. Cet endroit est connu sous le nom de « la cour de jeu obscure ».

La cour de jeu obscure est un endroit que tous les procrastinateurs connaissent très bien. C'est là où toutes les activités amusantes arrivent au moment où elles ne sont pas censées arriver.

Mais au final, l'amusement que l'on peut retirer de la cour de jeu obscure n'est pas si amusant car en plus de ne pas être mérité, un sentiment de culpabilité, d'anxiété et de dégout de soi se dégagent – tous ces sentiments bien connus du procrastinateur.

La question derrière ça c'est, avec le singe aux commandes, comment le procrastinateur fait pour aller dans la bonne zone, un endroit moins plaisant mais où tout ce qui est important s'y passe ?

Eh bien, il s'avère que le procrastinateur a un ange gardien, quelqu'un qui a toujours un œil sur lui et le surveille dans ses moments les plus sombres. Cet ange gardien porte le nom de Monstre de la Panique.

Le Monstre de la Panique

Le monstre de la panique est principalement endormi, mais il se réveille soudainement lorsqu'une échéance approche ou qu'il y a un risque d'embarrât public, un cursus menant au désastre ou d'autres conséquences terrifiantes. Le plus important, c'est qu'il est le seul qui effraie le singe.

Le monstre de la panique permet d'expliquer tous les comportements improbables qu'ont les procrastinateurs, comme par exemple, comment quelqu'un peut passer 2 semaines en étant incapable de commencer à écrire la moindre phrase sur une dissertation, et d'un coup, miraculeusement, trouver l'incroyable conscience professionnelle pour rester debout toute la nuit et écrire d'un seul coup 80 pages.

En voyant cette situation dans son ensemble, avec ces trois personnages (le décisionnaire rationnel, le singe de la satisfaction immédiate et le monstre de la panique) voici la méthode du procrastinateur. Ce n'est pas jolie, mais au final, ça fonctionne.

Jusqu'ici, tout semble amusant et - même si ce n'est pas la méthode la plus efficace du monde – cela semble aussi fonctionner correctement.

Eh bien pas vraiment.

Dans tout ce que nous avons évoqué jusqu'ici, tous ces exemples avaient une échéance, et quand il y a une échéance, les effets de la procrastination sont contenus pendant un court instant lorsque le monstre de la panique s'emmêle.

Mais il y a une seconde sorte de procrastination qui apparait dans les situations où il n'y a pas d'échéance. En général, c'est le cas pour les éléments les plus importants de notre vie. Donc, si tu veux retrouver la ligne, passer plus de temps avec ta famille, améliorer ta vie financière, voyager dans le monde ou être entrepreneur, cela risque d'être compliqué. Il n'y a pas d'échéance pour ce genre de chose parce que rien ne se fait tout seul, il faut que tu te bouges et travaille dur pour avoir l'élan d'accomplir tout ça.

Maintenant, si le système de fonctionnement du procrastinateur repose sur le monstre de la panique, il y a un problème parce que dans toutes ces situations où il n'y a pas d'échéances, le monstre de la panique n'apparait pas.

Il n'a aucune raison de réveiller, les effets de la procrastination ne sont pas contenus et perpétue donc sans fin. C'est cette procrastination à long terme qui est moins visible et dont on parle moins que celle qui est amusante : la procrastination à court terme. Elle est la cause de souffrance silencieuse et plus intime. Elle est la source d'un malheur durable et provoque des regrets.

Les années passent et lorsqu'ils réalisent comment ils ont passé leur vie, ils deviennent frustrés. Ce n'est pas le fait qu'ils n'aient pas réalisés leurs rêves, c'est qu'ils n'ont même pas commencé à les suivre.

Pour conclure, savoir que l'on va tous mourir un jour peut aussi bien être un outil puissant pour nous inciter à avancer qu'une excuse pour nous empêcher d'essayer. C'est à toi de voir.

Un mot à propos de ceux qui ont l'habitude d'utiliser l'expression « et si je meurs demain ? » pour justifier leurs actions à court terme. Au-delà du manque d'optimiste et d'inexactitude statistique, ce qui me surprend le plus c'est cette vision égoïste de ceux qui s'imagine que consommer immédiatement le peu qu'ils ont accumulé est un mécanisme de défense contre le risque de vivre leur vie sans rien prendre avec eux.

C'est la peur de laisser aux autres ce qu'ils ont créés, et la réponse – stupide à mon goût – est donc de ne rien créer.

Parce que de grandes réussites demandent de grands efforts. Cela prend du temps.

Ma vision du monde n'a jamais été celle-ci.

Entre mourir en essayant de construire une chose de valeur et vivre tout une vie sans même essayer, je choisirais sans hésiter la première.

CHAPITRE TROIS

Comprend ta place dans le monde économique

La plupart des gens n'organise pas leur finance car ils ont des problèmes avec l'argent. En général, ils ont du mal à identifier ces problèmes et, par ailleurs, il est courant qu'ils n'aient pas conscience qu'ils existent.

Il est évident que si tu ne considères pas l'argent comme une bonne chose, inconsciemment, ton esprit va te trahir dans ta quête d'une vie financière meilleure.

La raison derrière cela c'est que la plupart des gens ne comprennent pas comment la richesse est créé. Ils voient le monde économique comme une source de richesse limitée. Ils imaginent que si quelqu'un est riche, cela signifie que sa richesse a été prise à quelqu'un d'autre. En d'autres termes, que la création de sa richesse aurait appauvri d'autres personnes.

Ils ne voient pas la richesse pour ce qu'elle est vraiment : une chose pouvant être créé à partir de rien. Si quelqu'un devient riche, il est fréquent que cette personne ait obtenu sa richesse à partir de rien, ou de très peu de choses.

Imagine que tu vis sur une île isolée et que soudain une idée te vient en tête. Tu souhaites rassembler des branches d'arbres entres-elle ainsi que d'autres morceaux de bois afin que tu construises seul une cabane à la main. Ça, c'est le miracle de la création de richesse. Là où il n'y a rien de valeur, toi, avec de la créativité, de la volonté et du travail, tu as créé un élément utile. C'est ça la richesse.

Si tu imagines maintenant qu'il y a plus d'habitants vivant sur cette île, leur vie ne deviendrait pas plus difficile juste parce que tu es devenu plus riche en utilisant tes propres moyens pour créer de la richesse. Franchement, si tu assembles des branches pour créer un endroit où dormir, tu n'appauvriras personnes. Si tu pars chasser ou pêcher pour te nourrir, tu n'appauvriras personnes non plus.

Enfin, pas d'une manière absolue et inconditionnelle.

D'une manière relative, oui, bien sûr. Maintenant, en comparant les deux, il est vrai que celui ayant eu l'initiative d'agir est devenu plus riche que celui qui n'a rien fait.

Mais je suis réticent à accepter la relativité de mon point de vue sur la richesse.

Je trouve ça malheureux, jaloux et égoïste de penser que tu deviens plus pauvre à cause de quelqu'un qui devient plus riche.

Parce que, plutôt que se réjouir du bonheur de quelqu'un, tu regrettes qu'il ne t'arrive pas la même chose.

De plus, le courage de construire une nouvelle maison peut affecter positivement le reste de la population de l'île, s'ils le prennent d'un aspect positif bien sûr. Ça devrait les inspirer et les motiver à faire de même en créant leur propre maison.

C'est toi qui choisis comment tu réagis face à la réussite des autres : tu peux la prendre comme une offense ou comme une source d'inspiration.

Qu'est-ce que tu préfères choisir ? Selon toi, laquelle générera les meilleures conséquences ?

L'économie n'est pas une boîte fermée avec une quantité limitée de richesses. Au contraire, la possibilité de création de richesse est infinie. Tout ce que ça coûte c'est de l'imagination et du courage pour transformer ses idées en action.

Celui qui crée une chose utile pour un autre, crée de la valeur. Par conséquent de la richesse. La somme de toute la richesse créée par chacun d'entre-nous représente la richesse totale du monde. Tout ce que l'on peut faire c'est soit contribuer à la création de cette richesse soit se contenter de consommer la richesse créée par les autres.

Quand on réfléchit au monde économique, on a l'habitude de penser à des scénarios comme « imagine qu'il n'y a pas de gouvernement », « supposons qu'il n'y ait pas de monde extérieur », « admettons qu'il n'y ait pas de marché financier » et d'autres théories comme celles-ci.

La vérité c'est que le monde est tellement rempli de subtilité, de finesse, de petits détails et de distractions que nous avons souvent besoin de nous affranchir de certaines d'entre-elles pour avoir une meilleure compréhension de son essence.

Donc, pour essayer de simplifier la société dans laquelle nous vivons, je suggère encore une fois, d'imaginer un groupe d'individus – disons lassés du capitalisme mondial et cherchant une vie plus simple –voler jusqu'à une île déserte pour installer une société alternative.

Au début, chacun occupe un peu toutes les taches pour son propre intérêt. Puis, à un moment donné, les difficultés pour survivre augmentent et ils se rendent compte que certaines personnes ont plus d'appétence ou d'aisance pour une tache que d'autres.

John pourrait pécher 10 poissons alors que Peter n'arriver à en pécher que 5 pendant la même période.

Pour autant, lorsqu'il s'agit de construire des cabanes, Peter se montre plus doué et a réalisé la meilleur en un temps record.

Avec les difficultés, les jours de faims et l'absence de toit sur leurs têtes, ils ont réalisé qu'il serait plus avisé que chacun se concentre sur ce qu'ils peuvent faire de mieux.

Ainsi, en répartissant les activités, les professions sont apparues sur l'île.

Le temps passe et en exerçant le même métier chaque jour, les travailleurs se spécialise et s'améliorent dans leurs activités.

Avec l'expérience, la productivité de John en pêche augmente. Il commence à comprendre l'influence de la marée sur la pêche. Il arrive aussi à distinguer les différentes espèces de poisson. Par conséquent, il développe des techniques de pêche plus efficace.

Les répétitions mènent à l'amélioration et l'entrainement mène à la perfection.

A présent, grâce à la division des taches et au fait qu'il consacre tout son temps à son activité, John est maintenant capable d'attraper assez de poisson pour nourrir tous les habitants de l'île.

Il est devenu un expert en la matière.

Chacun s'est spécialisé dans une activité spécifique et la production totale de l'ile a une croissance exponentielle.

Par conséquent, les échanges augmentent. Chaque personne échange ce qu'il produit avec un élément produit par un autre.

Mais puisque le troc est limité à deux parties, ils ont choisi une monnaie commune qui faciliterait tous leurs échanges.

Progressivement, en affrontant les difficultés de la vie, la société alternative a évolué et est devenu très similaire à celle qu'ils avaient laissé derrière eux.

Mais maintenant ils étaient d'accord. Comme ils avaient tous eu la désagréable expérience de la survie, les membres avaient compris pourquoi la société était telle qu'elle est. La raison pour laquelle ils avaient quitté leur société était plus un manque de compréhension de son fonctionnement qu'une critique de ses imperfections.

Cet exemple reflète brièvement ce que Adam Smith a voulu transmettre dans les pages de La Richesse des Nations en 1776, un repère dans l'histoire de l'économie.

Tu dois comprendre quel est ton rôle dans ce monde.

Commence par ta place dans cet exemple. Si le monde était réduit à cette société alternative, quel serait ton rôle en son sein ?

Qu'est-ce que tu produis actuellement dans ta vie que tu pourrais échanger pour toutes les choses que tu consommes tous les jours ? La nourriture que tu manges, le logement dans lequel tu vis, ta voiture, les charges que tu dépenses, absolument tout a été produit par quelqu'un d'autre. Tu es capable de consommés tous ces éléments en échange de ce que tu produis.

Si ces choses n'étaient pas produites directement par toi, avec tes propres efforts, tu as au moins produit un bien ou un service pour la société qui a une valeur. Sans quoi tu vis uniquement grâce aux efforts d'autres personnes.

En vérité, il n'y a rien de magique dans l'économie. Si quelqu'un reçoit quelque chose sans rien donner en échange, cela signifie que quelqu'un, quelque part, produit sans rien recevoir.

Ça semble injuste, pas vrai ?

De nombreuses personnes se lèvent tôt chaque matin et vont au travail sans être capable de faire le moindre lien entre la raison pour laquelle ils font ça et la qualité de vie qu'ils ont.

C'est naturellement démotivant.

L'une des principales raisons pour lesquelles la majorité des gens ont des problèmes dans leur vie financière, c'est qu'ils ont du mal à comprendre cela.

Dans mon exemple simplifié, tous les pécheurs aimeraient avoir des pommes, des bananes et des noix de coco. Ils se concentrent sur ce qu'ils veulent, plutôt que ce qu'ils doivent produire pour recevoir ce qu'ils veulent en échange.

Ils ne se concentrent pas sur ce dont les autres pourraient avoir besoin. Tu sais quoi ? C'est très simple ! Tous les habitants de l'île ont besoin de plus de poissons.

Si seulement chacun dans sa vie pouvait comprendre à quel point il serait plus productif s'ils se concentraient uniquement sur leurs poissons.

Donc concentre-toi sur ce que tu peux produire et sur les différents moyens qui te permettraient d'être plus productif dans ton travail, dans ton entreprise, etc.

Concentre-toi sur tes poissons, car les bananes, les pommes et les noix de coco viendront ensuite facilement à toi, comme une récompense.

Il est inutile et improductif de penser à la récompense en premier.

Les gens ont besoin de ce que tu as à leur donner. Il y a un tas de personne qui n'attendent que ton poisson. Aide-les à avoir ce qu'ils veulent et par conséquent, tu auras ce que tu voudras.

Le fait est que certaines personnes ne comprennent pas que ce qu'ils gagnent est lié à ce qu'ils apportent à l'entreprise. On a tous un rôle dans la société et plus tu as un impact sur la vie des gens, plus les gens auront de la gratitude et te le rendrons en retour.

Tu dois donner de la valeur-ajoutée à ce monde avant de recevoir quoi que ce soit en retour. C'est un concept important. Je sais que c'est compliqué pour certaines personnes de comprendre ça mais à moins que tu apportes de la valeur-ajoutée à ce monde, peut être que tu ne seras pas capable de vivre dans les beaux quartiers où tu as grandi. Tu ne conduiras pas la même voiture que tes amis et tu ne partiras pas en vacances chaque année.

L'un des fils de Warren Buffet avait travaillé dans une ferme où il conduisait des tracteurs, et il y a un tas d'histoire sur comment les fils et filles de personnes ayant réussi ont travaillé dur en utilisant leurs compétences. C'est une interprétation différente de la richesse. L'argent n'est pas une fin en soi dans notre vie et il n'y a aucun problème à vivre avec des ressources financières limitées. Le problème avec la plupart des gens qui croit que tout leur est dû est qu'ils disent qu'ils sont d'accord avec le fait que l'argent n'est pas important, mais ils ne voient pas les choses de la même façon pour autant. Ils sont d'accord avec ça quand ils ont besoin de travailler et produire, mais quand vient le moment de dépenser, l'argent comme par magie devient très, très important. Pire encore, ils peuvent même insister pour dire que « l'argent n'est pas important », ce qui est important c'est de vivre dans une belle maison, manger des restaurants chics, voyager, conduire une belle voiture et profiter de toutes les belles choses que l'on peut s'offrir avec de l'argent. C'est un peu hypocrite non ?

Voilà ce que j'aimerais transmettre à mes enfants : ce que la vie te rendras est proportionnelle à la valeur-ajoutée que donneras aux autres, peut-importe si tu es un entrepreneur à la recherche de nouvelles solutions aux problèmes de la société (c'est ce qu'ils font, pas vrai ?) ou un employé jouant ce rôle dans l'entreprise de quelqu'un d'autre. L'objectif principal des toutes les entreprises est d'apporter des solutions à leurs consommateurs, que le propriétaire le sache ou non. Chaque mission que l'employé accomplis devrait être importante car elle contribue à créer un ensemble qui aide l'entreprise à apporter cette solution

Anna et Victoria, quand vous lirez ceci, s'il vous plaît gardez en tête ces mots de votre père : mon amour et mon respect pour vous, vous est dû. Pour autant, la qualité de vie que vous aurez à l'âge adulte, sera lié à la qualité de vie que vous aurez aidé à apporter aux autres personnes du monde.

CHAPITRE QUATRE

Qu'est-ce que l'argent ?

On en veut toujours plus, et on ne réalise pas toujours qu'avant de profiter plus, il faut produire plus.

La production est un défi naturel pour l'humanité.

Elle fait partie de la lutte pour la survie.

Cela a toujours été. Mais aujourd'hui, c'est une chose plus difficile à concevoir. On a souvent l'impression de gagner moins que ce que l'on mérite.

Mais ce que l'on gagne n'a rien à voir avec ce que l'on « mérite ». L'économie ne fonctionne pas comme la liste du Père Noël, distribuant des cadeaux à ceux qui ont été sage pendant l'année.

S'être bien comporté ou obtenir un diplôme d'une université réputée ne crée pas automatiquement de la valeur.

Ce que nous gagnons est lié à la valeur-ajoutée que nous produisons. Si ce que nous faisons est rare, utile et apprécié, il y aura une valeur ajoutée.

Donc, plus tu investis en toi, plus tu as de grandes chances de produire un bien ou un service avec de la valeur. Ce n'est pas automatique, je le répète, un simple diplôme de boulanger ne permettra pas de faire un bon pain tout seul.

C'est une association entre la préparation et l'état d'esprit qui donne le résultat de la production.

D'accord, très sympa et instructif mais alors, qu'elle est le rôle de l'argent dans ce fonctionnement ?

Question intéressante ...

C'est une croyance commune - folle, par ailleurs – qu'un morceau de papier est capable de générer de la richesse, d'améliorer la qualité de vie des gens, de leur donner tout ce qu'ils veulent, juste par magie.

Je sais c'est fou, pas vrai ?

Désolé de te le dire : c'est une fake news[2].

Ce papier que nous gardons dans notre portefeuille et que nous avons l'habitude d'appeler monnaie ou argent, en fait, est techniquement appelé billet de banque.

Ce n'est pas de l'argent. C'est la valeur de l'argent.

Le montant de la monnaie en circulation dans l'économie est bien supérieur au montant des billets de banque qui circulent.

En particulier à notre époque où la plupart des opérations financières ont lieu à travers des transactions virtuelles, des banques en ligne, des applications mobiles et des cartes de crédit ou de débit.

Ces dispositifs réduisent le besoin d'imprimer de la monnaie.

En vérité, beaucoup de pays ont récemment restreints l'utilisation de monnaies imprimées dans leur économie.

Les billets de banque ne sont ni plus ni moins que des chèques préremplis. C'est une reconnaissance qui affirme que vous avez de l'argent, et l'argent à son tour, est un crédit que vous avez avec la société.

Dans le passé, la plupart des billets de banque indiquaient clairement qu'ils pouvaient être échangés contre de l'argent.

---

[2] Fausse information

Par exemple, un billet de 1 000 Roupie porte la mention suivante : « je promets de payer le porteur la somme d'un millier de Roupie ».

Si les billets étaient de l'argent et que l'argent était de la richesse, il serait facile de mettre fin à la pauvreté dans le monde, il suffirait de faire fonctionner les imprimantes à billet et tous les problèmes du monde seraient réglés.

Non seulement les billets ne sont pas de l'argent, mais en plus l'argent n'est pas de la richesse, ce n'est qu'une mesure de la richesse.

Alors, c'est quoi la richesse ?

La richesse, c'est la production.

C'est par le PIB (Produit Intérieur Brut) que nous mesurons la production totale d'un pays. On l'obtient en aditionnant la somme des richesses créées par ses habitants.

La richesse vient du travail de chacun de nous chaque jour, de l'entrepreneur qui commence le processus de production à l'agriculteur qui fait des plantations dans son champs, du coiffeur qui coupe les cheveux, du médecin qui examine ses patients, du chauffeur de taxi qui emmène un passager d'un endroit à un autre, etc.

Chaque produit ou service généré crée de la richesse.

Le seul rôle qu'a la monnaie est de simplifier les échanges entre ces produits et services que nous avons générés. Encore : l'argent ne fait que simplifier les échanges de richesse. Il rend la vie beaucoup plus simple que lorsque nous étions limités au troc, mais il ne crée pas de richesse.

Au final, chacun de nous produit une chose utile pour tous et est récompensé pour cela. Tu reçois de l'argent qui peut être échangé pour un autre bien ou service que quelqu'un d'autre à produit et ainsi de suite.

La valeur de la monnaie est définie par le nombre de biens et de service que tu peux obtenir lors d'une transaction. Ce sont ces éléments qui donnent de la valeur à la monnaie et non l'inverse.

La monnaie, qui est aujourd'hui représenté par des billets, des chèques, des pièces, des nombres sur un écran, etc. avait pris de nombreuses formes dans le passé.

L'une des premières monnaies de l'histoire était de la nourriture.

C'était il y a 4 000 ans dans l'ancienne Babylone que la première version de billets a commencé à circuler.

Puisque la nourriture était la principale monnaie, la « banque » avait l'habitude de travailler de cette manière : plutôt que de porter un sac lourd rempli de graines, tu pouvais simplement entreposer ton sac dans un entrepôt et recevoir en échange une tablette d'argile où il figurait le nombre de graines que tu avais entreposé. On peut considérer cela comme le reçu que l'on reçoit lorsque que l'on se rend dans les vestiaires d'un musée pour y laisser notre manteau ou notre sac. La tablette d'argile était un reçu.

Les sacs de graines étaient la monnaie d'échange. Seulement plutôt que d'échanger les sacs qui étaient stockés dans l'entrepôt, les individus se sont rendus compte qu'il était plus facile d'échanger leur propre tablette d'argile. Les échanges étaient alors plus rationnels et plus faciles.

Chacun savait que chaque tablette d'argile correspondait à un sac de graines entreposé.

C'était ce sac de graines qui donnait de la valeur au reçu.

Si tu avais beaucoup de tablette à Babylone, tu étais riche. Tu pouvais manger, boire et même te vêtir comme tu le souhaitais. Tu pouvais même prêter des tablettes d'argiles avec des taux d'intérêts composées.

Mais il y avait un problème, les tablettes et les graines qui leur donnaient leur valeur étaient périssable. Tôt ou tard, elles étaient amenées à disparaitre. La tablette d'argile devait donc évoluer en quelque chose de plus durable et rare.

Le sel remplissait ces fonctions.

Dans un monde où les réfrigérateurs n'existaient pas encore, le sel avait une grande valeur. Non seulement parce qu'il ne pourrissait pas, mais aussi parce qu'il ne laissait pas pourrir la nourriture.

De plus, on pouvait le diviser en minuscule graines, l'équivalent de quelques centimes de nos jours, et de ce fait, il était facile à transporter. De plus, à cette époque, le processus de traitement du sel était encore très complexe. Cela participait à le rendre plus rare.

Tout ce qu'une monnaie doit avoir, le sel l'avait : rare, divisible et durable.

Le rôle qu'a joué le sel en tant que monnaie est si important qu'à notre époque nous appelons toujours le paiement de nos fins de mois « salaire » en raison des Romains qui étaient habitués à recevoir leurs paiements sous forme de sel.

Après le sel, beaucoup d'autres types de monnaie ont circulé comme : le cuir, le tabac, le bétail et des métaux comme le cuivre et l'or.

Tout ce qui était rare, divisible et durable pouvait être utilisé comme une monnaie.

Ces monnaies étaient toutes créés et minées par les citoyens eux-mêmes. Cela signifie qu'elles étaient toutes privées et donc qu'elles ne dépendaient d'aucun gouvernement pour quoi que ce soit.

Il est toujours bon de rappeler cela à ceux qui pensent que le bitcoin et les autres crypto monnaies ont inventé les monnaies privées.

Les gouvernements ont commencé à s'intéresser aux monnaies seulement aux alentours de 600 Avant J.C. dans une région où se situe l'actuelle Turquie. Leurs buts étaient de réguler et d'éviter la circulation de fausses monnaies où les métaux étaient fusionnés avec d'autres, plus lourds mais avec moins de valeur.

Non, la contrefaçon de monnaie non plus n'est pas récente.

Aujourd'hui, les billets et les pièces qui représentent la valeur de l'argent sont vus comme étant eux-mêmes de l'argent.

Un morceau de papier à une valeur d'échange uniquement parce que tout le monde l'accepte comme une monnaie d'échange. En d'autres mots, tout le monde l'accepte parce qu'ils pensent que tout le monde va l'accepter aussi.

C'est un peu fou, je sais, mais c'est comme ça que ça fonctionne.

C'est avec cette croyance commune que les billets portent la fonction de monnaie de nos jours et de ce fait est appelé monnaie fiduciaire. Mais tout le reste demeure inchangé. La valeur de la monnaie reste la valeur totale de biens et services que l'on peut échanger avec. Elle n'a pas de valeur intrinsèque.

L'idée, avec ce chapitre, est de démystifier le rôle de l'argent dans notre économie.

Certaines personnes pensent que l'argent est la solution à tous leurs problèmes. Pour d'autres, c'est l'origine même de leurs problèmes. Garde ça en tête pour toujours, l'argent n'est pas une fin en soit, seulement un moyen, un moyen d'échange. Mais ça ne diminue aucunement son importance.

Une société n'est pas riche grâce à l'argent qu'elle possède, mais grâce aux biens et services qu'elle produit. C'est de cette façon que la monnaie prendra de la valeur.

CHAPITRE CINQ

L'économie est un jeu gagnant-gagnant

Revenons à notre discussion sur la relativité de la richesse et à l'idée que la pauvreté serait la conséquence de l'accumulation de la richesse par les personnes fortunées. Selon cette théorie, la richesse serait une ressource limitée.

Si je voyais les choses de cette manière, j'aurais tendance à considérer les gens riches comme véritablement avares. C'est évident. Si le fait d'avoir une belle voiture de sport empêchait les africains d'avoir de la nourriture, alors le simple fait d'imaginer produire un tel objet, avant de résoudre la famine dans le monde, serait un énorme péché.

Mais je ne vois pas les choses de cette manière. Je ne pense pas que le fait d'acheter ou non une voiture de sport va automatiquement mettre de la nourriture sur la table des personnes qui souffrent de la faim. Ce que je vois, c'est que mon travail me génère de la richesse et un bien-être pour les consommateurs. Acheter une voiture de sport pourrait ensuite générer un bien être pour moi et de la richesse pour tous ceux qui ont participé à la production, de près ou de loin et directement ou indirectement. Ces personnes chercheront ensuite leur propre bien-être en achetant des éléments dont ils ont besoin ou dont ils ont envie. Ils génèreront alors des opportunités pour tous ceux qui veulent produire des éléments de valeur. Lorsqu'ils le font, ils vont échanger leur produit pour de la richesse qui peut elle-même être échangée ensuite contre ce qu'ils veulent.

La vision que j'ai de l'économie est la même que celle que j'ai de la vie. Selon moi, elle ne peut être agréable que si elle l'est aussi pour les gens que je connais et le plus possible pour ceux que je ne connais pas. Je ne trouve aucun intérêt aux souffrances injustifiées. Par ailleurs, endurer un mal ne peut être justifié que s'il nous permet d'atteindre un plus grand bonheur par la suite. Il faut que cette souffrance en ait valu la peine. Sinon, c'est juste stupide.

C'est amusant car ma femme et moi, nous n'avons pas la même vision des choses. De temps à autre, on se retrouve à discuter de nos différentes manières d'aborder la vie.

Un jour nous étions au centre commercial et il pleuvait des cordes, au point de se croire sur un voilier.

Chanceux comme nous sommes, nous n'avions pas emmenés de parapluie avec nous. Après avoir fait ce que nous voulions, je me préparais à aller chercher notre voiture qui était garée sur le parking extérieur. Bien sûr, je n'avais pas envie d'être mouillé. Mais je ne voyais aucune autre solution raisonnable pour sortir d'ici que d'aller chercher la voiture sous la pluie. C'était une fatalité. Ma femme compatissait et a donc décidé de m'accompagner pour prendre la voiture. Pour une personne rationnelle, c'est le pire aboutissement possible. Je cherchais un moyen d'éviter qu'une personne soit mouillée mais maintenant son idée était plutôt que les deux personnes soient mouillées, doublant ainsi le taux d'échec.

Je sais que cet exemple peut paraître idiot malgré que ce soit une histoire vraie, mais elle a un sens profond. Pour ma femme, c'était une manière de dire : peu importe ce qui arrive dans la vie, je serais à tes cotés. C'est très mignon et par ailleurs, je sais qu'elle sera toujours là pour moi et c'est la raison pour laquelle on s'est mariés. Mais honnêtement, sa solution était vraiment contre-productive.

Je préfère voir les choses de cette manière : Je serais toujours là pour toi, pour que notre vie soit la meilleure qu'elle puisse être, et seules les personnes heureuses peuvent rendre les autres heureux.

Est-ce que tu es enthousiaste quand tu vois des gens déprimés ? Quand tu vois des gens avoir des coups durs dans leur vie ? La plupart des gens ne le diront pas, mais ils agiront d'une manière qui trahira leurs pensées. La manière qu'ils ont de considérer le bonheur est exactement la même manière qu'ils ont de considérer la richesse. Ils agissent comme si le bonheur et la richesse étaient des ressources limitées. De ce fait, se sacrifier est justifiable car faire un don de leur bien-être devrait permettre à d'autres gens de se sentir mieux.

Je n'aime pas voir les gens subir quoi que ce soit et je n'aime pas les sacrifices. Je ne veux pas que des gens souffrent pour moi et je ne veux pas souffrir pour eux. Autant que je le pourrais, j'éviterais tous ces malheurs injustifiées à chacun de mes enfants. De mon point de vue, le bonheur est illimité et il grandit encore plus lorsqu'il est partagé. Ça fonctionne comme un effet domino. Seules les personnes heureuses peuvent rendre les autres heureuses. C'est un peu comme les consignes de sécurité dans les avions : placez votre masque à oxygène sur votre visage d'abord, puis aidez les autres. Bien sûr, puisque si tu es inconscient tu ne seras pas capable d'aider qui que ce soit, pas vrai ? Voilà mon point de vu, soit heureux d'abord et ensuite repend le bonheur autour de toi.

Le bonheur est une boule de neige ...
... et la richesse aussi.

As-tu déjà vu quelqu'un devenir riche par lui-même ? Non, les gens deviennent riches en employant d'autres personnes, en payant des impôts et plus que ça : ils s'enrichissent en trouvant des solutions aux problèmes de la société. C'est ce que font les entrepreneurs qui réussissent.

Je sais que certaines personnes ont différentes perceptions, principes et manière d'interpréter les choses. Eh bien, j'ai la mienne.

Stephen Covey dans son livre best-seller « Les Sept Habitudes des gens efficaces » avait catégorisé les relations humaines en ce qu'il a appelé les 6 paradigmes de l'interactions humaine.

1. Gagnant-Gagnant : Les deux personnes gagnent. Les accords et les solutions sont mutuellement bénéfiques et gratifiantes pour les deux parties.

2. Gagnant-Perdant : Le gain est plus fort si l'autre partie perd. Les personnes gagnantes-perdantes sont enclins à utiliser leur position, leur pouvoir, leur qualification et leur personnalité pour arriver à leur fin.

3. Perdant-gagnant : « je perds, tu gagnes. » Les personnes perdantes-gagnantes sont rapides à faire plaisir, à apaiser. Elles ne sont pas si différents des personnes n°2 parce qu'elles voient aussi la joie comme une ressource limitée. Pour autant, elles ont tendance à donner la victoire aux autres et rester perdant pour éviter de se sentir coupable. Cette mentalité peut aussi être liée à des facteurs extérieurs comme leur religion.

4. Perdant-Perdant : Les deux personnes perdent. Quand deux personnes Gagnante-Perdante se rencontrent – soit, quand deux personnes déterminées, têtues, égoïstes et individualistes se rencontrent – le résultat sera Perdant-Perdant. C'est aussi une mentalité très répandue chez les personnes qui pensent que gagner est un pêcher. Ils ne veulent pas être des pécheurs, donc ils préfèrent avoir des relations où ils ne peuvent rien gagner, et par conséquent, leurs liens les empêchent chacun de réussir.

5. Gagnant : les gens avec la mentalité Gagnante n'ont pas nécessairement l'envie que les autres perdent – ce n'est pas pertinent. Ce qui compte c'est qu'ils aient ce qu'ils veulent.

6. Gagnant-Gagnant ou pas d'accord : si tu ne peux pas trouver une décision qui est bénéfique aux deux parties, alors il n'y aura pas d'accord.

Tu veux connaitre mon avis sur mon livre ? Je le vois comme le livre best-seller qui va aider des centaines de milliers de personnes à organiser leur vie financière. Je veux qu'ils utilisent mon Tableur de Planification Financière et je veux qu'il soit aussi utile pour eux qu'il l'a été pour moi ces 12 dernières années. Je veux pouvoir lire des commentaires de personnes disant que ce livre les a aidés à changer positivement leur vie. Je veux aider des personnes à voir le monde différemment. Quand je reçois des critiques constructives, je ferais en sorte de modifier le contenu pour l'améliorer. Ce livre est vivant. Si je reçois des retours positifs, je saurais que je vais dans la bonne direction pour participer aux changements que j'attends de voir. Une fois que mon but sera accompli, je ferais mieux de me retirer. Mais le principal engagement que j'ai ici, c'est avec toi. Ta réussite sera ma réussite et c'est la seule manière que j'ai de voir les choses. Ça doit être une relation Gagnant-Gagnant.

Mais pour certaines personnes, lorsque tu leur montres que tu penses aussi à ta réussite personnelle, ils pensent que tu es cupide, radin et ainsi de suite. Certaines personnes détestent tout simplement le fait de savoir qu'une personne est aussi à la recherche de son propre intérêt. Ils veulent être les seules à gagner. Ils veulent avoir des avis sur un livre, mais ils ne veulent pas acheter le livre via son lien d'affiliation car ils savent que s'ils le font, il aura un pourcentage de la transaction. Pourquoi ? Est-ce que cette personne économisera de l'argent si elle ne passe pas par son lien ? Non, elle n'économisera rien car le prix restera identique. Simplement, plutôt que d'être reconnaissant pour leur avoir donné son avis : ils préfèrent que tu ne gagnes rien et qu'eux non plus. Maintenant dis-moi, qui est avare ? Qui est radin ?

Ces gens ne croient pas au relation gagnant-gagnant, ils sont tous tellement concentrés sur le Gagnant-Perdant et Gagnant-Uniquement qu'ils finissent par tout faire s'effondrer.

Il n'y a aucun chemin qui permet de réussir en étant seul. Si tu penses que ta situation va empirer si quelqu'un d'autre est meilleur que toi, alors tu es déjà en train d'empirer ta situation. Tu ne progresseras jamais dans ta vie si tu n'échanges pas ta jalousie contre de l'inspiration.

Ne soit pas aigri de la réussite de quelqu'un. A la place, utilises-la comme une source d'inspiration. Change ta manière de penser et ton énergie changeras ! Par conséquent, ta vision de voir la vie changera aussi. Une mentalité avec laquelle tout le monde gagne influera sur ton monde positivement.

Penses à l'économie. Quand il y aura une crise mondiale, qu'est-ce qui t'arrivera ? Dans une crise économique, nous avons tous des choses à perdre. Que ce soit directement ou indirectement et/ou conscient ou inconscient. Tu peux perdre ton travail, une part importante de tes investissements ou au moins perdre une opportunité. Ta situation pourrait empirer à cause des nombreux commerces dans lesquels tu avais l'habitude d'aller qui ont désormais fait faillites.

Quand la situation se dégrade pour certaines personnes, elle se dégrade pour nous aussi.

Mais l'inverse est aussi vrai. L'abondance économique mène à des opportunités incroyables, des salaires plus élevés, des affaires et ainsi de suite …

Tout est lié. La définition même de l'économie est une relation Gagnante-gagnante. Les individus n'échangent que s'ils s'enrichissent tous les deux. Sinon cet échange n'aurait jamais lieu.

La raison pour laquelle je raconte tout ça n'est pas uniquement lié au fait que je veux que tu sois plus gentil avec les autres personnes. Je veux d'abord que tu sois sympa avec toi-même. Quand tu développes une mauvaise opinion de la réussite des autres, ça dessert ta réussite. Par conséquent, tu finis par penser que si un jour le succès frappe à ta porte, il est possible que les autres personnes se sentent inférieures aussi.

Libères toi de ces minuscules pensées et ce sera le meilleur changement de ta vie.

CHAPITRE SIX
Qui est responsable de ta vie ?

Tous ces nombres, toutes ces connaissances à propos du monde de l'investissement, des marchés boursiers, etc., n'auront aucune valeur pour toi si le mot « responsabilité » ne signifie rien à tes yeux.

Tous les changements sont possibles, ils ne dépendent que de toi ! Et uniquement de toi ! Le jugement que tu portes sur notre monde n'est pas important. Que tu le considères comme bon ou mauvais, comme juste ou injuste, la vie, elle, sera toujours neutre. On peut aussi bien la rendre magnifique qu'horrible. Notre vie n'est que le résultat de l'énergie qu'on lui fournit. Par conséquent, ce qui importe réellement, c'est ta manière d'agir dans ce monde, tel qu'il est.

Il y a trois caractéristiques fondamentales qui vont te permettre d'exercer un contrôle absolu sur ta vie économique : 1) la responsabilité; 2) la volonté de t'améliorer ; 3) le Courage.

Sans ces trois grandes caractéristiques, il te sera impossible d'atteindre la moindre réussite ou la moindre sérénité lié à ta vie financière.

Marisa Urban, consultante chez Human Capital, a créée le concept de Sujet et d'Assujetti, deux personnalités opposées. Pour te montrer l'impact de ces différents comportements, tu trouveras un résumé ci-dessous.

Le Sujet :

- Prend ses responsabilités
- Est capable de répondre à une situation qu'il n'a pas causé

- Ne se cache pas derrière des excuses, même si elles sont valables
- Se concentre sur le futur
- Ne se plaint pas
- Ne reproche rien à ses parents, son manageur, son RH, aux politiciens, au pays, au climat, etc.
- Réalise ce qu'il veut
- Se concentre sur le pouvoir d'action qu'il possède

L'Assujetti :

- Nie toujours ses responsabilités, c'est toujours celle de quelqu'un d'autre.
- Pense que de bonnes excuses peuvent justifier ses erreurs (c'est assez drôle car ce principe n'est pas toujours valable pour les autres).
- Sous-estime ses capacités à résoudre des problèmes.
- Voit sa vie entière comme le résultat de la faute des autres ou comme le résultat d'évènements et circonstances chanceuses.
- A l'habitude de se considérer comme malchanceux et pense que rien ne se passe correctement dans sa vie.
- Vit en se lamentant des évènements qui se sont produit dans le passé.
- S'attend à ce que des évènements arrivent soudainement dans sa vie.
- Passe son temps à accuser les autres.

Un exemple typique de la mentalité d'un Sujet est l'histoire de Sir Douglas Bader. Aviateur dans la British Royal Air Force (RAF), il a perdu ses deux jambes dans un accident qui a failli lui couter la vie en 1931. Il n'a pas abandonné et il est retourné dans la RAF quelques années plus tard sans ses jambes originelles. Il est devenu un héros national pendant la Seconde Guerre Mondiale en défendant l'Angleterre de l'invasion nazi et ayant abattu 22 avions allemands.

Il aurait pu utiliser toutes les excuses du monde pour abandonner ses objectifs. Perdre l'usage de ses deux jambes est difficile pour n'importe qui. Encore plus lorsque ton métier requiert leur utilisation et certaines capacités physiques. Par ailleurs, il faut bien prendre en compte que c'était en 1930, pas en 2020 !

Mais plutôt que de s'apitoyer sur son sort, il est parti à la recherche de solutions pour résoudre son problème. C'est ainsi, qu'avec des jambes mécaniques, il est revenu et a gagné sa place dans l'Histoire.

La mentalité d'un Sujet se concentre sur la question suivante : « que puis-je faire ? ». Il ne se soucie pas de savoir si c'est lui ou un autre qui a causé le problème.

Après tout, sans déconner, si tu es témoin d'un accident dans la rue, tu vas aider la victime même si ce n'est pas toi qui a causé l'accident, pas vrai ? (C'est vraiment ce que j'espère en tout cas)

À l'inverse, l'Assujetti est le mec qui ne fait aucun lien entre ses réussites et ses propres actions ou décisions.

Il accuse toujours les autres et passe sa vie à se plaindre.

L'Assujetti joue un rôle mineur dans sa propre vie. Par exemple, Il serait le premier à dire : « J'étais en retard à cause des embouteillages. » Il se cache derrière de vraies excuses mais il ne trouvera jamais de solutions définitives à ses problèmes.

Le Sujet se dit « D'accord, je n'ai pas anticipé les embouteillages ce matin, mais à partir d'aujourd'hui je partirais toujours plus tôt de chez moi. »

L'Assujetti, quant à lui, va continuer d'arriver en retard chaque fois qu'il y aura des embouteillages dans sa ville, le Sujet non.

L'Assujetti va être confronté aux aléas de la circulation chaque matin, mais il l'attribuera toujours à son manque de chance. On peut facilement s'imaginer l'entendre dire : « Tu as vu les énormes embouteillages ce matin ? »

« Non, je ne l'ai pas vu parce que je suis venu plus tôt » pourrais répondre le Sujet.

« Tu as de la chance ! » retorquerais l'Assujetti.

C'est un petit exemple, mais c'est ce genre de comportement qui définit qui nous sommes et là où nous nous trouverons dans le futur.

Je ne dis pas que nous avons un contrôle absolu sur toutes les actions de notre vie, car ce n'est pas le cas.

Machiavel disait que 50% de ce que nous accomplissons au cours de notre vie est dû à la bonne fortune, c'est à dire des évènements qui dépendent de la chance. Les autres 50%, quant à eux, sont dû à la vertu, c'est-à-dire le fruit de nos propres choix et de notre comportement.

Je ne suis pas sûr que la répartition soit réellement 50-50, mais ce que je sais, c'est que si la chance en représente une bonne partie, il y a une autre partie qui ne dépend que de nous. De ce fait, puisque nous ne pouvons pas contrôler la chance, tout ce qu'il y a à faire c'est de nous concentrer sur notre champ d'action.

La principale caractéristique qui différencie les Sujets et les Assujettis est leur manière de voir les choses. Les sujets se concentrent uniquement sur leur pouvoir d'action et ce n'est pas grave si cela n'impacte que 50% ou 10% de leur vie. Le fait est que c'est la seule partie de ta vie sur laquelle tu peux influer et agir, d'ailleurs et par conséquent, c'est la seule partie dont tu dois te soucier.

Tout le reste n'est qu'une perte de temps énorme. Tu ne peux pas contrôler s'il va pleuvoir ou non, mais tu peux toujours prévoir un parapluie. C'est ça l'idée !

Nous autre, les êtres humains, sommes de curieuses créatures. Nous nous accordons rapidement tout le mérite de notre réussite. Quand on gagne, on veut en informer le monde entier et préciser la manière dont on s'y est pris.

Pour autant, nous avons également tendance à accuser rapidement des facteurs extérieurs pour chacune de nos difficultés. Les commerciaux accusent leurs clients, les dirigeants accusent leurs employés et les employés accusent leurs managers. Quand il y a peu d'argent à la maison, le mari accuse sa femme et vice versa.

Personnellement, je n'ai jamais connu quelqu'un dire que la principale raison de sa réussite était la croissance économique. Ils racontent toujours une histoire qui décrit la manière dont leurs nombreux efforts ont finalement réussi à payer. Néanmoins, on entend des millions d'individus accuser la crise économique d'être responsable de leurs difficultés. L'économie ne jouerait donc un rôle important que lors de nos échecs ? C'est typiquement ce que dirais l'Assujetti.

Les Sujets sont facilement identifiables. Les Assujettis les identifient aussi et soit ils cherchent à vivre à leur frais, soit ils attribuent toute leur réussite à la chance.

Il y a des gens qui sont typiquement des Sujets, et d'autres qui sont de parfaits Assujettis.

Dès à présent, tu as probablement déjà identifié des personnes de ta famille, de ton travail, de ton cercle d'amis, etc. Il y a toujours quelqu'un qui joue la victime quelque part et qui agit comme s'il n'était que le simple spectateur de sa propre vie.

C'est vrai qu'il est beaucoup plus simple de se cacher derrière des facteurs extérieurs sur lesquelles on n'a pas d'influence. Tu n'es pas là où tu aurais aimé être dans ta vie ? Ce n'est pas ta faute, c'est celle de tes parents ou peut être juste une période malchanceuse.

Hmmm…

Cette attitude passive ne te mènera nul part.

Dans certains cas, des personnes correspondent parfaitement à la description que l'on peut faire du Sujet ou de l'Assujetti, mais la plupart du temps, nous pouvons tous ressembler plus à l'un ou à l'autre en fonction de la situation dans laquelle nous nous trouvons.

Quand les individus ont peur, ils deviennent faibles. Ils finissent par se comporter comme des Assujettis pour justifier leurs échecs plutôt que de les affronter.

La vie, pour être bien vécu, doit être affronté frontalement.

Cela mène inévitablement à des sentiments de victoire ou d'échec. La première étape pour évoluer est d'accepter de prendre la responsabilité. Reconnais tes erreurs, même si tu comptais l'omettre.

Si tu es dans une situation financière compliquée, concentre-toi sur ce que **tu** peux et doit faire pour que ça change. Arrêtes d'accuser ton entreprise, les impôts, ton épouse ou ton mari, tes parents, je m'en fou ! La vie s'en fou aussi. Aucune vie n'est parfaite.

Si tu crois que tout ce qui arrive de négatif dans ta vie est la faute de quelqu'un d'autre et pas la tienne, tu ne feras jamais rien pour changer, et par conséquent, tu ne te développeras jamais.

C'est important d'accepter qu'en tant qu'être humain, tu vas faire des erreurs. On en fait tous. La différence entre un Sujet et un Assujetti n'est pas de savoir lequel est le plus exposé aux erreurs, mais de savoir comment est-ce qu'il les affronte.

Pour le Sujet, être confronté à un problème est une opportunité de se développer. Pour l'Assujetti, les erreurs sont une source de honte, de plus, il cache ses erreurs en faisant de son mieux pour soit les justifier avec des vraies excuses, soit accuser quelqu'un d'autre.

Un nouveau genre de compétition

La mentalité du Sujet veut que nous soyons responsables de nos vies et que nous devons nous focaliser sur « qu'est-ce que je peux faire ? ». Par conséquent, le seul combat que tu dois mener dans ta vie, c'est contre toi-même.

Ce n'est pas important si ton voisin a une meilleure situation financière que la tienne. Ce n'est pas important si sa voiture est plus belle que la tienne.

Ce qui est important c'est où tu en es dans le plan que tu t'es fixé. Tu vas changer ton comportement par rapport aux autres. N'importe qui dans ta vie sera une nouvelle source d'inspiration et d'apprentissage qui pourront être utilisé pour t'emmener plus loin. Se battre contre toi-même est la plus grande victoire que quelqu'un puisse gagner.

Soit reconnaissant !

Je remercie Dieu chaque nuit avant de me coucher, avant chaque repas et récemment j'ai pris l'habitude d'agrémenter un petit carnet de reconnaissances où j'écris chaque matin des petites phrases comme « je suis reconnaissant d'avoir une famille ou parce qu'il fait beau aujourd'hui ».

J'essaye toujours d'ajouter une idée pour laquelle je n'ai jamais encore été reconnaissant. Ça en vaut la peine peu importe ta religion, Bouddhiste, Musulman, Catholique, Protestant, Juif … ça fonctionne même pour les athées.

Être reconnaissant est une preuve d'humilité dans la vie. C'est un état d'esprit.

« Riko, est ce que c'est devenu un livre de développement personnel ? » Juste un peu, mais l'idée reste la même : la mentalité du Sujet.

La vérité c'est que s'arrêter quelques minutes chaque jour pour se montrer reconnaissant va te forcer à trouver les aspects positifs de tout ce qui t'es arrivé dans la journée. Par conséquent, tu vas développer des habitudes optimistes.

Instinctivement, tu verras tous les éléments de ta routine différemment, toujours à chercher le côté positif des choses.

Pour commencer, les personnes optimistes sont plus captivantes et attirent souvent plus d'éléments positifs. Mais en plus de ça, quand tu seras à la recherche d'aspect positif, tu seras toujours confronté à trouver une solution à n'importe quelle situation, peu importe son niveau de difficulté.

Tu seras toujours à la recherche de nouvelles opportunités mais tu seras à même de les saisir uniquement si tu sais les identifier.

En fait, professionnellement, dans ma vie personnelle, dans tout, je suis toujours une philosophie très simple et pratique : se concentrer sur la solution et non pas sur le problème.

Tu as un problème ? Est-ce que ça va vraiment t'aider de pleurnicher, de te plaindre ou de trouver quelqu'un à accuser ?

Concentre-toi sur « comment résoudre ça ? ». Oublie d'où ça vient, qui l'a causé, bla bla bla ... juste agis et résout le.

S'il n'y a pas de manière de le résoudre, alors, tu es déjà fixé.

C'est toujours mieux de dépenser son énergie dans des choses productives. Une fois que le problème est résolu, s'attarder sur les origines du problème sera très important pour éviter que celui-ci se reproduise encore. Mais uniquement après, c'est une question de priorité.

Avant de passer au chapitre suivant, j'aimerais ajouter qu'il y a deux sortes de personnes optimistes. Les « optimistes investis » et les « optimistes fainéants ». Les premiers se convainquent que ce qu'ils font va fonctionner. Les seconds espèrent que des événements heureux vont se produire dans leur vie comme par magie. Ils rêvent de gagner au loto ou de recevoir un grand héritage de la part de quelqu'un – parfois de quelqu'un qui n'existe même pas – et ainsi de suite.

Pour résumer, le pessimiste se plaint du vent, l'optimiste fainéant espère que le vent va changer de direction et l'optimiste investi va simplement ajuster les voiles.

Concentre-toi sur les solutions, toujours !

CHAPITRE SEPT

La triade de la valeur : temps, argent et énergie

Il y a trois éléments principaux dont tu auras besoin dans ta vie pour accomplir les objectifs que tu t'es fixé : du temps, de l'argent et de l'énergie.

Je sais, on vient de parler de singes, de monstres et de boîtes et pourtant certaines personnes disent que le temps est notre atout le plus précieux car il est le plus rare. Mais personnellement, je pense que les 3 ont une valeur égale, ou au moins potentiellement. Ce qui donnera à chacun d'eux une valeur plus importante, ce sera précisément sa rareté dans ta vie. Essaye de demander à un enfant affamé ce qui a le plus de valeur parmi les 3, il est peu probable qu'il te réponde : le temps.

Le Temps et l'Argent sont tous les deux liés à nos instincts les plus primaires, dont la survie fait partie. Les gens ont tendance à considérer l'argent comme un morceau de papier, mais rappelles-toi, l'argent se distingue de l'argent liquide.

Comme on l'a dit plus tôt, ce morceau de papier symbolise la production et on a tous besoin d'une part constante de la production pour survivre. Souviens-toi de ça, si le poisson que tu manges n'a pas été pêché par toi, quelqu'un d'autre la fait pour toi. Rien n'est gratuit dans la vie. Personne dans ce monde ne pourra passer toute sa vie allongé dans un hamac ou à écrire des poèmes pour sa bien-aimée. La production est une nécessité - et par conséquent – l'argent est une nécessité aussi.

Chaque jour où nous nous réveillons est un nouveau jour avec de nouveaux besoins : la nourriture, qui nous maintiens en vie est la plus évidente. Mais ensuite il faut s'habiller pour se protéger du froid (ou de la chaleur). Puis tu as besoin d'un endroit où dormir, tu as besoin d'interactions sociales, etc. ... La production est aussi importante que le temps. La clé de cette équation et de trouver l'équilibre parfait entres eux. Plus tu disposeras majoritairement d'un élément, plus les autres auront de la valeur.

Une personne sans emploi a tout le temps libre du monde. Ce qu'il recherche en priorité c'est probablement une occupation qu'il lui permettra au moins de répondre à ses besoins essentiels.

Les personnes occupées vont essayer de faire de leur mieux pour optimiser leurs temps.

La rareté va définir quel élément possède le plus de valeur, même si, en définitive, les deux sont très, très importants et personne ne peut le nier. Alors, est ce que tu as déjà réfléchi à la valeur de ton temps. Si non, fait le maintenant. Quelle est ta situation actuelle ? Quel élément est, selon toi, le plus important ? L'argent ou le Temps ?

Je sais ... on souhaiterait tous posséder plus d'argent et rallonger les jours. On aimerait tous ça. Mais « les deux » n'est pas une réponse acceptable.

La manière la plus réaliste de réfléchir à ce sujet est de se demander : si on te proposait une offre intéressante de travail supplémentaire pendant ton temps libre, est-ce que tu l'accepterais ?

Maintenant, penses à ça d'une autre manière. Imagine que c'est une véritable possibilité : est-ce que tu payerais ton employé pour avoir plus de temps libre ? Si oui, combien serais-tu prêt à le payer à l'heure ? Le même salaire par heure que tu gagnes ou plus (ça ne peut pas être moins cher n'est-ce pas ?) ?

Donc, si pour toi il était plus facile de répondre un simple « oui » à la première question, cela signifie que l'argent à plus de valeur pour toi en ce moment. Si tu as répondu oui à la seconde question, c'est donc le temps qui a plus de valeur pour toi, surtout si tu as dit que tu étais disposé à payer plus que ce que tu gagnes pour avoir plus de temps libre.

Laisse-moi reformuler : est-ce que tu es endetté ou est-ce que tu es un investisseur ? Parce que pour le premier, l'argent est plus rare et par conséquent, son temps a moins de valeur. Le second est actuellement en train d'acheter son futur temps libre. Le temps a donc plus de valeur pour les investisseurs.

En l'état actuel des choses, c'est le niveau de rareté qui donnera de la valeur à n'importe quel atout. Les personnes endettées ne peuvent pas dire qu'elles aimeraient s'acheter du temps libre car elles sont à court d'argent. Comment pourrais-tu acheter du temps libre si tu n'as pas d'argent ?

Réfléchis à ça pendant un instant. Consommer abondamment ne signifie pas que « tu accordes peu d'importance à l'argent ». À la place, ça signifie plutôt que « tu accordes peu d'importance à ton temps ».

En fin de compte, la Planification Financière consiste à utiliser son argent pour donner plus de valeur à son temps.

Comme l'argent est le sujet principal de ce livre, je vais plutôt évoquer les deux autres éléments pour lesquels tu devrais faire bon usage afin d'obtenir les meilleurs résultats.

Le Temps

Même si d'une manière ou d'une autre c'est subjectif, déterminer la valeur de ton temps est très important. Revenons à nos deux précédentes questions : à l'heure actuelle, est-ce que tu serais plus favorable à échanger ton temps contre de l'argent ou ton argent contre ton temps ? Et à quel prix ?

Pour ceux qui ont choisi l'argent : quel serait le salaire minimal que tu accepterais pour travailler une heure supplémentaire ?

Pour ceux qui ont choisi le temps : quel serait le montant maximum que tu accepterais de payer pour avoir une heure de temps libre supplémentaire ?

Réfléchis à ça pendant un instant et donne un chiffre ! Tu dois simplement répondre à une des deux questions, celle qui te correspond le plus.

Si tu ne veux ni acheter ni vendre ton temps libre, alors ton chiffre est le salaire par heure que tu gagnes actuellement.

Si tu es salarié, tu n'as qu'à diviser ton salaire par le nombre d'heures que tu consacres habituellement à ton travail.

Maintenant tu as forcément un chiffre en tête, garde-le en mémoire. Il va te dire combien vaudrait une part supplémentaire de ton temps.

La valeur du temps

Une journée est composée de 24 heures, c'est tout ! Il n'y a rien que je connaisse qui soit plus démocratique et juste que le temps. Nous en avons tous la même quantité d'heures en une journée, peu importe que l'on soit au lycée ou que l'on soit Bill Gates.

Cependant, de nombreuses personnes pensent et agissent comme si elles étaient les individus les plus occupés de la planète, malgré qu'elles n'aient jamais rien fait d'extraordinaire. Si c'est ton cas, mon ami, je suis désolé de te le dire, mais tu utilises ton temps d'une manière très improductive. Tu dois être plus efficace. Mais la bonne nouvelle c'est que c'est tout à fait possible ! Tout le monde peut le faire, même Mr Gates peut.

La différence entre les personnes qui réussissent et les autres est qu'ils sont toujours à la recherche d'un moyen de trouver une manière plus productive d'utiliser leurs temps. Que ce soit dans leur vie professionnelle ou dans leur vie privée avec leur famille ou leurs amis.

La valeur de ton temps est la valeur que tu lui consacres.

Dans l'Autoroute vers la Richesse, MJ de Marco a écrit à ce sujet. Il avait pris l'exemple d'une longue file d'attente qu'il avait aperçu un jour pour un seau de poulets gratuit. Je pense que cet extrait illustre bien mon propos.

Pourquoi la plupart des gens ne deviennent pas riche ? Pour y répondre, pas besoin de regarder plus loin qu'un seau de poulet à 6$. Ça avait fait les gros titres à l'époque : un fast-food connu offrait un seau de poulets gratuit à tous ceux qui avaient un coupon venant d'Internet. Les gens se sont attroupées devant les restaurants et ont commencés à attendre pendant des heures, tout ça pour obtenir gratuitement un seau de poulet valant 6$.

Ce genre d'histoires n'a rien d'inhabituel et jusqu'ici ma réaction est toujours la même : qu'est-ce qui ne va pas avec ces gens ? Je vais vous dire ce qui ne va pas avec eux : pour ces personnes, leur temps n'a aucune valeur. Il est aussi gratuit que l'air qu'elles respirent. Ils pensent que leur temps est abondant et sans limite. Ils vivent comme s'ils étaient immortels. Ils sont persuadés qu'ils n'en seront jamais à court du carburant de la vie, le temps.

Je me pose ces questions : s'il ne restait que 3 semaines à vivre à ces gens, resteraient-ils dans cette file d'attente pour un seau de poulets gratuit ? S'ils ne leur restaient que 3 mois ? 3 ans ? Quelle échéance de mortalité pourrait résonner ces personnes ? Et dire qu'attendre 3 heures pour un seau de poulets gratuit est une bonne utilisation du temps ? Voici la grasse vérité du poulet : Donnez une pauvre valeur à votre temps et vous serez pauvre. Si vous gâchez votre temps, comme si c'était un choix de mode de vie, vous vous retrouverez bloqués dans des situations où vous ne voulez pas être.

Regardez autour de vous : comment est-ce que vos amis et votre famille accordent de la valeur à leur temps ? Est-ce qu'ils attendent dans une file pour économiser 4$? Est-ce qu'ils conduisent pendant 4h pour économiser 10$? Est-ce qu'ils sont affalés sur leur canapé anxieux d'attendre qui va gagner Dance avec les Stars ?

L'américain moyen regarde la télé plus de 4h chaque jour. Dans une vie de 65 années, cette personne aura passé neuf ans scotchés à la télé, neuf ans !

Pourquoi ?

C'est simple.

La vie est nulle. La vie nécessite un échappatoire. La vie n'est pas bonne, pas de plan, pas d'objectif, pas d'échéance …

Montre-moi quelqu'un qui passe des heures à jouer à Clash of Clans ou à Candy Crush et je te montrerais quelqu'un qui ne réussit probablement pas trop sa vie. Quand la vie est nulle, on cherche des échappatoires. Plus tu essays d'échapper à ta propre vie, plus elle sera nulle. »

Longue vie au Singe de la Satisfaction Immédiate !

Il n'y a que toi qui peut et doit arrêter ça avant que ça ne soit trop tard !

Arrête tout de suite de gâcher ton temps en vivant la vie des autres sur Instagram pendant des heures, et des heures et regarder des youtubeurs ne faisant rien de constructif pendant des heures aussi …

Si tu es ce genre de personne, écoute-moi maintenant : arrête ça, tout simplement ! C'est qui est fait, est fait et le passé est passé, on ne peut pas revenir en arrière. Mais il y a tout un futur qui commence à chaque nouvelle seconde. Change-le ! Personne ne peut revenir dans le passé pour obtenir un nouveau départ, mais par contre tu peux commencer dès maintenant et provoquer un nouvel aboutissement à ta vie.

Redonnes à ton temps sa juste valeur. Apprends ça par cœur. Quelle est sa valeur actuelle : 10€, 30€, 100€, 500€ ? Si tu dis 30€, ne passe pas une demi-heure à économiser moins de 15€ !

Tu dois mesurer ça.

Ce n'est pas logique de choisir une fille d'attente de 10min pour économiser 5€. Ce concept est appelé le Coût de Renoncement de ton temps. Utilise-le toujours pour estimer ton temps et te demander « est-ce que je fais une bonne utilisation de mon temps ? »

C'est le même problème concernant les Instagramers, est-ce que tu serais prêt à payer 30€ pour regarder vivre quelqu'un d'autre ? Tu ne préférais pas plutôt aller faire une promenade dans un joli parc, aller à la plage ou sortir avec tes véritables amis. Il n'y a rien de mal à avoir une utilisation saine des réseaux sociaux, mais passer sa vie entière à être passif et à regarder vivre quelqu'un d'autre ?! Sérieusement ? C'est comme perdre son énergie à parler de politique alors que tu n'as pas envie de changer d'avis. Quel intérêt ?

Aie conscience de la valeur de ton temps pour prendre les bonnes décisions. Tu as peut-être commencé en donnant une valeur faible à ton temps mais regardes vers l'avenir et fais en sorte de lui donner plus de valeur à chaque minute qui passe chaque jour.

Sois plus productif dans ton travail, ne procrastine pas, maitrise ton utilisation des réseaux sociaux, de la télévision ... garde une maitrise totale de ta situation financière et ton temps aura plus de valeur.

Tu ne mourras pas demain et il y a de fortes chances que tu ne meures pas non plus au cours des trois prochaines semaines, des trois prochains mois ou des trois prochaines années. Mais la vérité c'est que nous ne vivrons pas éternellement non plus.

Tu n'as aucune excuse pour laisser le singe te contrôler. Il est temps de produire, de s'organiser et d'équilibrer ça avec une satisfaction méritée. Dépense le temps que tu as gagné grâce à une production intelligente, jamais aux dépens d'un temps où tu pourrais produire. Si tu vis grâce aux aides du gouvernement, de tes parents, ou que tu as des dettes, je suis désolé de te le dire : ton temps aura peu de valeur tant que tu ne conquis pas ton indépendance. Ne pas avoir le temps est l'excuse favorite des Assujettis. C'est du même niveau que ne pas avoir assez d'argent. Toutes ces excuses tirent leur racine du même problème : tu dois gérer ces éléments d'une manière plus intelligente. Tu es le seul qui est responsable de ça.

L'argent donnera plus de valeur à ton temps.

Tim Ferriss l'a décrit de la meilleure des manières dans La Semaine de 4h : « Le manque de temps est en réalité un manque de priorité. » Une fois que tu découvres ce que tu souhaites réellement et que tu t'engages à le réaliser, tu seras capable d'organiser ton temps pour prioriser l'accomplissement de tes objectifs.

Seuls les gens qui savent ce qu'ils veulent peuvent dire non à ce qu'ils ne veulent pas.

Être productif est complétement différent d'être occupé. La plupart des gens que je connais ressentent le besoin d'occuper leur temps libre avec plein de sortes d'activités. Ils n'acceptent pas l'idée qu'ils pourraient avoir du temps libre. Ils remplissent donc leur temps avec des choses tellement stupides qu'ils pourraient jurer en avoir besoin.

L'ironie c'est que la personne la plus occupée est aussi la plus improductive. Être occupé finalement, c'est une sorte de paresse, une paresse de réfléchir et des actions hasardeuses.

Les gens les plus improductifs que je connais sont ceux qui sont toujours occupés. C'est une façon, selon moi, qu'ils ont trouvés pour essayer de défendre leur comportement improductif. Comme ils ont conscience qu'ils produisent peu, ils essayent de compenser ça en insistant sur les efforts qu'ils ont dû fournir pour y arriver. Ensuite, ils utilisent ça comme une excuse pour leurs amis, leur famille et leur patron lorsqu'ils critiquent leurs résultats : « Comment oses-tu critiquer ce que j'ai produit alors que j'y ai consacré énormément de temps ? »

Mais le pire c'est que, bien souvent, ça fonctionne.

En vérité, ce dont une entreprise a réellement besoin c'est d'avoir de bons résultats. Ce n'est pas grave si ça te prend 5 minutes ou 5 jours. Tu devrais toujours te demander : quelle est la véritable importance de ce que je suis actuellement en train de faire ?

Mais ne te méprend pas, lorsqu'ils sont correctement utilisés, les efforts sont un formidable carburant. C'est ce gaspillage d'énergie qui m'embête et cela nous mène d'ailleurs directement au prochain pilier.

L'Énergie

Je pourrais appeler ça de la concentration, de l'effort ou de la passion, peut-être de l'attention ou bien purement et simplement un mélange de tout ça. Voilà ce que j'entends par « énergie ».

Tu dois la maintenir à son meilleur et à son plus haut niveau.

On passe tous par des hauts et des bas dans nos vies, mais certaines mauvaises passes peuvent facilement être évitées.

Fa-ci-le-ment. Je vais te donner un exemple personnel.

Je venais d'être embauché pour un nouveau travail où je passais 3h par jour dans les transports. Pendant la même période, mon cerveau explosait de superbes idées que je voulais ajouter dans l'entreprise et dans ma vie personnelle.

J'étais dans le mode construction à 100%. Mon attention était dirigée vers « comment est-ce que je ferais en sorte que ce système fonctionne mieux ? » et « Comment est-ce que je peux faire pour améliorer chaque élément de ma vie. On venait tout juste d'emménager dans une magnifique ville pleine de bonnes choses à voir et à faire, avec une petite-fille de 2 ans et une adolescente de 17 ans et travaillant de longues heures chaque jour.

Ma femme était avec moi et elle affrontait exactement les mêmes soucis. Mais, pendant 2 semaines, elle a gâché une grande dose de bonne énergie et de temps simplement parce qu'elle ne pouvait pas payer sa facture téléphonique de 20€ ! Pendant des semaines, c'était le plus gros problème de sa vie ! Honnêtement, Dieu merci car si ton pire problème c'est de ne pas pouvoir trouver un moyen de payer une facture de 20€, ça signifie que ta vie se déroule plutôt bien.

Mais peu importe, le fait est qu'il aurait été préférable qu'elle sache faire la part des choses et qu'elle profite des bons moments qu'elle était en train de vivre.

On fait tous cela en permanence, on gaspille notre bonne énergie en accordant trop d'attention à des choses futiles. Alors que pendant ce temps, nous avons un tsunami de raisons d'être reconnaissant de ce que nous avons.

Ton énergie, lorsqu'elle est correctement utilisée, est un accélérateur pour ta réussite. Concentre-toi sur ta vie et sur ce qui te rend heureux. Utilise-la pour décider ce que tu veux accomplir dans ta vie et à ce que tu dois faire pour y parvenir.

N'envie pas les gens, ne passe pas ton temps à critiquer la vie et les choix des autres personnes. Apprend plutôt le maximum d'elles. Dire du mal des autres ne fera qu'abaisser ton énergie, te rendre plus faible et te désintéresser de tes objectifs.

Ne gaspille pas ton énergie avec des choses inutiles. Il ne s'agit pas uniquement de ton temps, mais aussi de ton énergie, de ta concentration. La prochaine fois que tu as un problème, prend du recul et remet en cause l'importance de ce problème.

On a tendance à surévaluer les petits tracas de notre quotidien. Comme s'ils étaient insurmontables. Ne dramatise pas ! Si tu étais dans le couloir de la mort, est-ce que ces problèmes auraient la même importance ? Donc arrête d'agir comme si c'était le cas. Pose-toi un instant et souviens-toi de ça : la plupart des choses ne changent rien. Soit c'est que tu as un problème, soit c'est que tu as une chose importante à faire qui n'a pas de sens. Beaucoup de personne dépensent une immense quantité d'énergie et de temps dans des choses qui n'en valent pas la peine.

Il y a une attitude typiquement française que j'adore. J'ai remarqué que les français pensent généralement que « Personne ne mourra et que le monde ne s'arrêtera pas de tourner si une tâche n'est pas rendue à temps ». Quand tu acquiers cette mentalité, étonnement, tu finiras par rendre la plupart des taches plus rapidement et plus facilement.

Le fait est que, les Français que je connais, se concentrent plus sur l'importance de la tâche que sur l'urgence de celle-ci. Car finalement, la majorité des choses importantes, une fois résolue, ne sont pas si urgentes qu'elles n'y paraissaient.

Mais puisque nous avons des dates limites, nous avons tendance à nous focaliser là-dessus plutôt que sur ce qui est important et qui n'a pas d'échéance. Nous réagissons simplement au monstre de la panique quand il apparaît. Et devine quoi, sa motivation n'est pas la meilleure. Si on priorise l'urgence plutôt que l'importance, on va se consacrer sur des éléments qui ne sont pas importants mais qui ont une échéance. On perdra alors du temps pour des éléments importants simplement parce qu'ils n'ont pas de dates limites. Dernière chose, tu sais que ton énergie est basse quand tu es énervé à cause de l'oubli du paiement d'une facture de 20€.

En fin de compte, nous autres, les êtres humains, travaillons comme ces personnages dans les jeux vidéo avec une quantité d'endurance limitée. Nous en avons tous une, mais nous pouvons concentrer notre énergie sur ce qui nous apporteras les meilleurs résultats. Je ne parle pas ici que de ta vie financière, mais bien de tous les aspects de la vie.

Parfois j'entends des gens dire : « cette personne devrait aller au travail en prenant un chemin différent » ou « elle devrait faire fonctionner son cerveau plus souvent. Tu fais partie de ces gens ? S'il te plaît, ne soit pas cette personne car c'est le chemin direct vers le gaspillage d'énergie.

Dans son super livre Le Pouvoir des Habitudes, Charles Duhigg nous montre à quel point les habitudes ont un impact immense sur notre cerveau. En effet, une fois qu'une activité est devenue une habitude, on peut l'exercer avec très peu d'efforts.

Chaque grand artiste ou sportif, peu importe son domaine, a consacré beaucoup de temps à s'entrainer dans l'activité où il excelle. Les répétions transforment l'activité en habitude, requérant de la part de ton corps et de ton cerveau moins d'énergie pour le réaliser. La plupart des activités que nous pratiquons peuvent se transformer en habitude, comme faire de l'exercice, lire, étudier, planifier sa vie financière, investir, épargner, etc. Au début, ces activités nous demanderont beaucoup d'énergie. Mais si tu continues de les réaliser pendant une certaine période, elles deviendront naturelles pour toi. Tu seras alors capable de diriger ton attention vers de nouvelles choses.

Donc si tu as assez d'énergie à dépenser pour changer ta routine et que tu ressens que ton cerveau est déjà surmené s'il te plaît change-le. Concentre-toi sur le développement d'activités plus productives comme la Budgétisation et l'Investissement. Ton cerveau s'entrainera également, mais tu verras aussi des résultats positifs de ces changements pour toujours.

Pour la faire courte, dépense le moins d'énergie possible dans les activités qui ne te mèneront pas à des résultats satisfaisants et maximise ta concentration sur celles qui te fourniront des résultats pouvant changer ta vie. Une fois que tu auras pris l'habitude de contrôler ta vie financière, ta vie changera pour toujours.

Un autre aspect important est que nous stressons à propos des nombreuses choses que nous devons faire ; en général on les surévalue. Le stress, en soi, est un immense gaspillage d'énergie qui pourrait être utilisé d'une manière plus productive si on ne faisait que se concentrer sur notre travail à faire et à rendre.

Valorise ton temps et ton énergie ! Utilise-les toujours d'une manière constructive.

Entraine-toi et souviens-toi de ça.

CHAPITRE HUIT

Connaitre ton « Toi Economique »

Même si tu adoptes une mentalité de Sujet, tu peux encore tomber dans certains pièges économiques qui peuvent affaiblir ta vie financière.

Il est donc important de connaitre ton « toi économique ».

Selon la théorie du choix rationnel, les individus se comportent toujours rationnellement. Cette rationalité nous permettrait de toujours prendre des décisions visant à maximiser notre bien-être avec le minimum d'effort. C'est comme si nous effectuons en permanence une analyse coût-bénéfice.

Le seul problème, c'est que ce n'est pas le cas. Du moins, pas tout le temps.

Nous ne sommes pas toujours capables de prendre les décisions les plus bénéfiques pour nous-mêmes car la plupart du temps nous sommes guidés par de mauvaises perceptions.

L'une des principales missions des professionnels du Marketing et de la Communication est de trouver le moyen de maximiser le profit de leur entreprise en trouvant la bonne manière de présenter leurs produits.

En ce sens, le consommateur est, très souvent, incité à acheter un produit dont il n'a pas besoin ou pas envie. Pourtant, après l'achat, il repart avec le sentiment d'avoir conclu une excellente affaire. Un article soldé vendu à 500€ alors qu'il était présenté à 1 500€ auparavant nous donne l'impression d'avoir économisé 1 000€, alors qu'en réalité nous avons juste dépensé 500€.

(D'ailleurs, en passant, garde en tête que si tu n'achètes rien, la réduction n'est que plus grande !)

Le piège de la mentalité relative

Le paradoxe du stylo et du costume est un bon exemple pour démontrer comment notre cerveau est capable de nous jouer des tours.

Tversky et Kahneman, deux psychologues israéliens, ont menés une étude qui consistait à tester la réaction du public dans deux situations différentes.

Dans la première, les individus avaient besoin d'acheter un stylo qui était vendu pour 16€ dans le commerce le plus proche. Ensuite, ils leurs disaient qu'ils pouvaient trouver ce même stylo pour 1€ dans un magasin plus éloigné – à 15 minutes à pied.

Dans la seconde situation, les individus essayaient un costume à 500€. Puis, les chercheurs leur annonçaient que ce même produit était à vendre pour 485€ dans une autre boutique. Celle-ci aussi était situé à 15 minutes à pied.

Maintenant, prend ton temps et réfléchie à ça : qu'est-ce que tu ferais dans chacune des deux situations ?

Les résultats de l'étude ont démontré que la majorité des individus préféraient acheter le stylo le moins cher et dépenser 500€ dans le costume le plus cher.

En général, les gens marchent pour aller acheter le crayon, mais pas pour le costume, même si, dans les deux cas, le gain est identique.

Finalement, une promenade de 15 minutes vaut 15€ ou non ?

L'addiction au niveau de vie

Le niveau de vie est addictif. Le quartier dans lequel on vit, les restaurants dans lesquels on mange, les voyages que l'on fait pendant nos vacances et les vêtements que l'on porte, ils deviennent tous des habitudes qui font partie de notre quotidien.

Prenons l'exemple de la cigarette pour illustrer cette addiction. Augmenter son niveau de vie est aussi simple que de recommencer à fumer. Le réduire est aussi compliqué que d'arrêter de fumer.

Tous ceux qui ont déjà fumé et qui, ensuite, ont déjà essayé d'arrêter savent parfaitement de quoi je suis en train de parler. Une perte temporaire de contrôle et tu finis esclave de ton niveau de vie.

Tu te réveilles tôt chaque jour et tu reviens tard du travail pour maintenir une vie qui ne te rend même pas vraiment heureux. Mais tu ne peux pas t'en empêcher.

Tu gagnes à présent le salaire qui te faisait rêver auparavant, et pourtant, tu as l'impression que ce n'est pas assez.

Ensuite, tu accuses l'inflation, sans réaliser que tu viens de diner dans un beau restaurant et que les bières que tu bois sont soit faites-maison soit importées.

Mais après cela, viens le moment où ta situation financière devient plus compliquée et où tes habitudes couteuses - dont tu n'avais même pas conscience - sont en train de tuer tes chances de te construire un futur meilleur.

La question est donc : comment changer nos habitudes alors ?

Les gens pensent que ce n'est pas possible. C'est la première réaction.

Les éléments qui nous donnaient envie se sont finalement transformés en « besoins ».

Pourquoi ne pas déménager dans un quartier moins cher ? Tu t'assois pour faire tes calculs, puis, tu essaies de te convaincre que même financièrement, ça ne vaut pas le coup. Les sacrifices sont beaucoup plus grands que l'épargne que tu pourrais créer.

Mais ensuite, ta vie financière s'effondre. Je répète, ce sera aussi compliqué et douloureux que d'arrêter de fumer. Mais il est possible de changer.

La plupart des gens n'ont aucune idée du pouvoir des habitudes et de la manière pratiquement imperceptible qu'elles ont de se créer. Lorsque tu la découvre, c'est que tu l'as déjà prise. La meilleure chose que tu puisses faire c'est de ne pas prendre des habitudes qui pourraient être difficile à conserver au long terme.

Parfois je me dis : « c'est que 10€, et tu sais, ce n'est pas 10€ qui vont me rendre plus riche ou plus pauvre. »

C'est vrai, 10 euros aujourd'hui ne changeraient pas ma vie. Mais est-ce que vous savez les mecs à quelle fréquence je me pose cette question ? L'enfer ! Si à chaque fois que je m'étais posé cette question j'avais décidé de dépenser, ça aurait certainement changé ma vie. Ça commence avec 10€ mais au final ça se transforme en 20€, 50€, … et franchement, ça coute que 100€ !

Donc retiens bien ça : les dépenses finissent par se perpétuer.

Payer 5€ pour des croissants un matin je peux me le permettre. Mais je ne peux pas le faire tous les jours.

Donc, avant d'acheter les premiers croissants à 5€, je me demande si c'est vraiment une exception ou une potentielle nouvelle habitude.

Le juste « une fois » est un énooorme risque.

Ce qui est encore pire, c'est que des personnes ont l'habitude d'utiliser les mauvaises dépenses qu'ils ont faite dans le passé pour justifier les dépenses encore plus mauvaises qu'ils feront par la suite.

Tu as probablement déjà entendu une phrase du genre « oh j'ai déjà dépensé mon argent dans des choses beaucoup plus insignifiantes » pour justifier une dépense qui ne devrait pas être faite à ce moment-là.

En d'autres termes : comme j'ai tellement dépensé d'une manière futile auparavant, autant continuer de cette façon aujourd'hui.

Comme si les mauvaises dépenses du passé allaient justifier les futures mauvaises dépenses. Fait attention à ça ! C'est un cercle vicieux dangereux.

Chaque dépense compte ! On doit toujours être vigilant, c'est nécessaire.

D'un autre côté, si tu renonces à une « bonne opportunité » dans le but de ramener à l'équilibre ta vie financière, ça pourra te servir de bonne justification pour ne pas gaspiller d'argent par la suite.

Tu penseras « j'ai déjà renoncé à une bonne opportunité comme celle-ci. Je ne vais pas gaspiller mon argent maintenant. ».

En général, les gens n'ont aucune idée de la manière dont dépenser peut devenir une habitude, qu'il est difficile de perdre par la suite.

Notre niveau de vie devient un besoin douloureux et à court terme il est extrêmement difficile de le changer.

Par conséquent, avant d'augmenter ton niveau de vie, pense à tout ça. Jauge si tu pourras maintenir cette augmentation de manière saine et durable. Car devoir t'en passer par la suite te causera une plus grande perte de bien-être que d'avoir renoncé à augmenter ton niveau de vie dès le début.

Crée de bonnes habitudes. Dépenser est une habitude, mais économiser peut le devenir aussi.

Le problème c'est le « c'est que pour cette fois ». Habituellement cette seule phrase peut tout ruiner.

La Pyramide de Maslow

Pour organiser ta vie, tu dois clairement savoir différencier tes besoins et tes désirs. En effet, nous avons tendance à confondre les deux.

La pyramide de Maslow est une représentation hiérarchique des besoins essentiels de chaque être humain pour atteindre une satisfaction personnelle et professionnelle.

La pyramide prend pour base les besoins physiologiques comme la nourriture, l'eau, la santé et le sommeil. Elle est complétée par le besoin de sécurité, puis par le besoin d'appartenance (se sentir apprécié des autres), ensuite vient le besoin d'estime personnel. Enfin, au sommet de la pyramide, on retrouve le besoin de s'accomplir. C'est le stade où l'individu a conscience de l'ensemble de son potentiel, qu'il a la maitrise de lui-même, qu'il est indépendant et capable de faire tout ce qu'il aime faire.

Les différents profils de consommateurs

« Il dit qu'il est ruiné mais il est toujours en train de voyager »

« Elle dit qu'elle n'a pas d'argent pour voyager avec nous mais elle ne fait que manger au restaurant. »

« Ils disent qu'ils sont dans une situation délicate mais ils viennent tout juste d'acheter une voiture ».

« Il dit qu'il est ruiné mais il vit dans les beaux quartiers »

« Elle dit qu'elle est ruinée, mais elle ne fait que porter des habits de luxe. »

Tu as probablement déjà entendu des commentaires de ce type et, soyons honnête, tu en as probablement déjà fait toi aussi.

Nous autres, les êtres humains, nous aimons juger. C'est dans notre nature. De notre point de vue, n'importe qui étant dans une situation inhabituelle peut sembler ne pas nous dire la vérité en racontant qu'il est à court d'argent. Alors que de son point de vue, c'est le cas. Ce qui justifie ces comportements ce sont les différents profils de consommateurs.

Chacun d'entre-nous avons une personnalité en tant que consommateur qui nous est propre. Certains préfèrent voyager, d'autres aller au restaurant, d'autres encore d'avoir une belle voiture, tandis que certains préférons avoir une belle maison avec une piscine alors que d'autres accordent plus d'importance à l'emplacement qu'à la taille ... En réalité, il y a une multitude de possibilités.

Donc, quand l'une de tes amies dit qu'elle aimerait aller dans un restaurant gastronomique. Mais qu'après elle t'annonce qu'elle ne peut pas car elle est à court d'argent. Elle pourrait à la fois affirmer une vérité et un mensonge. En effet, c'est vrai dans la mesure où peut-être que si elle avait un peu plus d'argent, elle voudrait vraiment y aller. Mais il y aussi une part de mensonge car si elle n'y va pas, ce n'est pas parce qu'elle n'a pas d'argent. En réalité, ce n'est tout simplement pas sa priorité. Avec la somme d'argent dont elle dispose actuellement, ça ne vaut pas le coût de le dépenser ici. Avant cela, elle a prévu de faire plein d'autres dépenses avec son argent.

Car notre argent est une ressource limitée et nous classons tous nos priorités différemment.

Cependant, la consommation n'est pas le seul élément à fonctionner de cette manière. Le temps aussi joue un rôle fondamental dans cette équation.

Chacun retirerait de la satisfaction en travaillant dans un domaine considéré par tout le monde comme une réussite. Certains peuvent penser qu'il est ennuyant de passer sa vie à vendre des noix de coco sur la plage. D'autres penseront la même chose de quelqu'un qui travaille de 9h à 17h dans un bureau. Cela explique aussi les différences de rémunération entre les différents métiers.

L'offre et la demande, c'est aussi simple que ça.

Même si tu préfères manger au restaurant que de t'acheter des vêtements, à un moment donné tu seras forcé de réduire tes sorties pour remplacer tes habits dans ta garde-robe, et vice-versa. Car même nos préférences ne sont pas immuables, elles changent en fonctions de ce que l'on possède.

Prendre conscience de l'existence de ces différents profils de consommateurs et savoir que ces mêmes profils peuvent changer, est essentiel pour planifier notre propre vie financière.

Se connaitre soi-même est important pour être capable de prendre les bonnes décisions dans sa vie.

Et même – pourquoi pas ? – pour mieux comprendre et respecter les autres par rapport aux différentes décisions qu'ils prennent.

Ne juge pas les autres en fonction de <u>tes préférences</u>, car ils ont les leurs aussi. Comprendre cela peut aussi nous empêcher de priver les autres de leur propre plaisir et de leur propre satisfaction uniquement parce que nous ne les comprenons pas ou que nous sommes en désaccord avec eux.

Méfie-toi de ces « opportunités » !

L'un des plus grands risques qui menace le contrôle de nos finances est lorsque nous rencontrons des « bonne opportunités ». Je sais, ça pourrait ressembler à une contradiction mais ce n'en est pas une. Une opportunité a deux versants, un sain et un autre pas bon du tout.

Ce que j'appelle une opportunité c'est une promotion lors du Black Friday sur une voiture, un voyage ou bien une chance d'acheter quelque chose que tu as toujours voulu mais à un prix imbattable.

Il y a une multitude d'opportunités qui se présentent à nous chaque jour de notre vie et il y en aura toujours. Mais avant de pouvoir saisir une opportunité, tu dois y être préparé. Si tu es dans une période d'organisation de tes finances, tu as besoin de discipline avant tout.

Comme dit le proverbe chinois « si tu ne peux pas, eh bien, tu ne peux tout simplement pas » (d'accord, ce n'est pas un proverbe chinois, je viens juste de l'inventer, mais même si ça ne paraît pas très profond, c'est en fait, plein de vérité).

Cela signifie qu'être discipliné requière souvent de laisser passer de « bonnes opportunités ». L'opportunité a beau paraître exceptionnelle, mais pour toi, à ce moment précis, elle ne l'est pas. Commence tout d'abord par te cadrer.

Pense toujours de manière relative.

Après tout, le concept de « cher » et « bon marché » est relatif. Un voyage dans les îles Caraïbes pour 1 000€ peut sembler attirant. Mais si ces 1 000€ représentent la totalité de ta fortune, cela signifierait que tu dépenses tout ce que tu as : 100% ! C'est absurde !

D'un autre côté, pour ceux qui ont une réserve d'épargne de 200 000€, payer un prix plus commun comme 2 000€ pour le même voyage peut paraître moins intéressant, pas vrai ? Après tout, elle va payer le double du prix de la promotion. Mais cela ne représente qu'1% de sa fortune !

Demandes-toi si c'est cher ou non en fonction du prix global que tu veux dépenser par rapport à ton budget total. La différence entre la première et la seconde situation est que la seconde personne a dû abandonner un bon nombre de « bonnes opportunités » pour en arriver là où elle est maintenant.

Parfois – ou peut-être la plupart du temps – la meilleure chose à faire est tout simplement de laisser passer ces « opportunités ». Si tu as de la discipline, tu seras prêt à prendre l'avantage sur les autres qui se présenteront à toi par la suite. Mais en réalité, même si ces opportunités n'existent plus, ne t'inquiète pas. Peut-être que tu n'en auras même plus besoin.

Un autre élément important est qu'avant d'acheter quoi que ce soit, à moins que tu sois parti de chez toi uniquement dans cet objectif, n'achète rien impulsivement. J'attends toujours une journée pour me demander si j'ai vraiment envie ou besoin de faire cet achat ou si j'agis simplement sous l'effet d'une pulsion. Si le lendemain, je le veux encore, je retourne au magasin et je l'achète. Mais la plupart du temps, je laisse tomber.

Tu peux choisir : soit d'être toujours en difficulté financière, à combattre tes tentations, soit de te concentrer sur un cap différent, celui de grimper en haut de la colline financière. Vu du dessus, tout te semblera plus petit et les opportunités ne seront que plus grandes, d'ailleurs au passage, il y aura de véritables opportunités.

La récompense pour la maitrise de soi

Arriver à maitriser ses tentations n'est pas toujours facile, mais c'est ce que font les gens qui réussissent financièrement.

Une étude bien connue du psychologue Michael Mischel, professeur à l'université de Stanford, démontrait que les enfants qui étaient capables de vaincre leur tentation de manger des marshmallows en échange d'une récompense plus intéressante par la suite avaient plus de chances de réussir leurs carrières professionnelles que ceux qui s'étaient montrés impatients.

La fameuse expérience du Marshmallow.

Dans les années 60, afin d'analyser l'effet de la maitrise de soi, le psychologue avait sélectionné un groupe d'enfants américain dans une école maternelle. Il laissait chaque enfant seul dans une salle, mais avant de partir, Mischel offrait un marshmallow à chaque enfant avec une règle simple : l'enfant devait attendre son retour sans manger la sucrerie.

Si l'enfant ne cédait pas à la tentation, il recevait comme récompense un nouveau bonbon.

Le jeu se transformait en torture pour la plupart des enfants. Seuls trois enfants on réussit à attendre le retour du chercheur après 20 longues minutes

Quelques années plus tard, en 1981, la différence entre ceux qui s'étaient laissé tenter et ceux qui avaient réussi à se contrôler était flagrante. Les plus patients avaient eu une attitude plus positive lors de leur adolescence. Ils étaient plus motivés, plus tenaces lors de situations difficiles et étaient capables de délaisser certaines récompenses pour favoriser leurs objectifs à long terme.

Les enfants qui étaient capables d'attendre 20 minutes pour déguster 2 marshmallows avaient une plus grande réussite professionnelle et financière que ceux qui avaient dévoré le premier bonbon en quelques minutes.

Cela s'applique à toutes les tentations de consommation.

CHAPITRE NEUF

La Gestion Financière en Couple

L'argent est très malin, il utilise son charme pour éviter d'être vu comme le méchant de l'histoire, peu importe la situation. Pour la plupart des couples, la majorité de leurs problèmes ont pour origine l'argent, ou plutôt : leur manque d'argent.

Les difficultés liées à une mauvaise gestion de l'argent posent souvent des problèmes dans les couples. Cependant, ceux-là ne se rendent généralement pas compte que ces problèmes sont financiers. S'ils n'ont pas suffisamment d'argent pour s'offrir un diner romantique, ils pensent que le problème est dû à un manque de romantisme ; s'ils n'ont pas d'argent pour s'acheter de nouveaux vêtements, ils s'imaginent que le problème vient de la négligence de l'autre ; s'ils n'ont pas assez d'argent pour emmener leurs enfants dans un parc à thèmes, ils en déduisent que le problème vient d'un manque d'attention ; s'il n'y a pas assez d'argent pour partir vivre une aventure dans le Sud-Est de l'Asie, ils pensent que le problème est lié à leur mariage qui est tombé dans une routine ennuyante.

Il est rare que les couples se rendent compte que leurs problèmes relationnels sont causés par leur mauvaise gestion financière ou par leur incapacité à joindre les deux bouts de manière saine.

Le problème est lié au fait que les couples ne parlent pas suffisamment de l'argent, ou du moins pas de manière préventive. C'est plutôt lorsque la situation est déjà hors de contrôle qu'ils commencent à aborder le sujet.

Quand le problème est d'ordre financier, les gens cherchent de l'aide lorsqu'ils sont déjà en difficulté, lorsque le problème est bien plus compliqué à résoudre, bien plus couteux et encore plus douloureux à régler.

Parfois, lorsqu'ils se rendent compte qu'il y a un problème, il est déjà trop tard pour sauver le mariage. Après tout, les problèmes d'argent sont l'une des principales causes de divorce. Même si les couples ne s'en aperçoivent pas directement, il y a très généralement des problèmes financiers à l'origine de chaque histoire.

Parler d'argent est une bonne chose mais se disputer à ce sujet est le signe que tu as raté quelque chose par le passé.

Je sais, c'est toujours la faute de l'autre.

Mais honnêtement, accuser qui que ce soit n'arrangera rien. On a toujours le temps pour changer et il est préférable que vous choisissiez de procéder à ces changements conjointement.

J'ai vécu ce genre de situation avec mon épouse bien aimée à l'époque où elle n'était encore que ma copine. À ce moment-là, nous avions une conception de l'argent vraiment différente.

En tant qu'économiste travaillant sur les marchés financiers, j'avais toujours été très méticuleux avec l'argent, tandis qu'elle … eh bien, disons « pas tant que ça ». J'avais des plans très ambitieux à cette époque et je savais que je ne les réaliserais pas si nous continuons à dépenser notre temps et notre argent comme si nous allions mourir le lendemain.

C'est pourquoi, pendant plusieurs semaines, j'ai discuté longuement avec elle à propos de notre futur. Je lui ai présenté mes plans pour l'avenir et j'ai écouté chaque remarque qu'elle faisait. Le but était de transformer mes plans et ses plans en un plan unique et commun à nous deux.

Parler de ça de cette manière paraît simple et amusant mais, mon dieu …, en réalité ça a transformé nos vies en combat de MMA.

J'ai rarement la chance de remporter un combat contre elle. C'est pourquoi j'utilise ce livre comme une vengeance silencieuse (je sais qu'elle ne pourra pas répondre). Quoi qu'il en soit, là où je voulais en venir c'est que le combat de la planification en vaut la peine. Je sais à quel point ça a été compliqué pour elle aussi. Mais il est préférable que ça soit difficile pendant la planification que de s'en rendre compte à mi-chemin, lorsqu'il n'y a plus de retour possible.

Selon moi, la vie de couple est plus heureuse et saine, lorsqu'elle est planifiée et qu'elle a une direction précise. Ce n'est pas toujours facile ; le/la partenaire ne sera pas toujours disposé(e) à écouter ou bien à trouver un compromis et parfois même vos plans ne s'accordent tout simplement pas. Mais il est toujours nécessaire de discuter. Il faut que tu partages tes pensées et tes ambitions avec ton/ta partenaire pour que petit à petit, si vous êtes tous les deux vraiment ouverts, vous réaliserez que vous avez bien plus en commun que ce que vous pensiez lors de votre première conversation.

Ce livre est un guide pour changer ta vie financière et la manière que tu as de considérer l'argent. Partage ce livre avec ton épouse, ton mari, ton copain, etc. Assure-toi que vous ayez tous les deux la même mentalité. Essayez de construire un budget ensemble et assure-toi aussi que chacun de vous participe à la vie financière du couple. C'est un élément essentiel pour élaborer des plans ensemble. Il faut s'engager à ce que chacun participe à payer les dépenses comme elles ont été budgétées. Tu peux voir ça comme le chemin qui te permettra d'atteindre tes objectifs et qui rendra ton couple plus fort.

Ce que j'ai pu observer c'est que, généralement, un membre du couple est responsable des finances pendant que l'autre démontre une antipathie pour les chiffres. Très honnêtement, je ne pense pas qu'il existe une formule magique qui fonctionne dans tous les couples. Mais je suggère que même si une personne dans le couple est plus douée avec les chiffres que l'autre, il demeure important que les deux participent à leur manière à la gestion des finances. Car, selon moi, il est essentiel que les deux soient informés de la situation financière du couple. Par ailleurs, il vaut mieux tard que jamais.

Les mathématiques ne mentent pas. 1 + 1 sera toujours égal à 2, peu importe ta volonté de trop dépenser et/ou de négliger ton budget.

Si tu ne respectes pas ton budget aujourd'hui – je ne vais pas te mentir – le lendemain tu ne ressentiras aucun changement. Si tu te concentres sur une vision à court terme, tu auras sans doute l'impression que ce n'est pas grave de ne pas respecter ton budget.

Mais si tu passes directement au mois prochain ou à l'année suivante, tu n'arriveras pas à joindre les deux bouts et soit tu manqueras d'argent soit tu auras des dettes. Il n'y a pas de magie. Mais à l'instant où tu réaliseras que tu as des problèmes, il sera peut-être trop tard. Le divorce pourrait frapper à ta porte et tu pourrais te retrouver enfermé dans une pièce en train d'accuser ton/ta partenaire pour ça, déprimé, sans comprendre que la raison de ce désordre est dû à une mauvaise gestion financière.

Mais tu peux commencer à utiliser cette réalité aujourd'hui.

PARTIE II
CONTROLE ET PLANIFIE TES FINANCES

CHAPITRE DIX

Planifier c'est décider et agir

Il est fréquent de retrouver la même erreur sur les feuilles de calculs de contrôle financier: il manque l'élaboration d'un Budget. De nombreux ménages se contentent d'énumérer leurs dépenses quotidiennes. C'est un bon départ, certes, mais ce n'est absolument pas suffisant.

La budgétisation n'est pas un jeu de devinettes. C'est un compromis. C'est ton engagement à créer le futur que tu souhaites vivre.

Tu dois être réaliste, bien sûr. Mais tu peux aussi te pousser à faire plus. Si le résultat de tes prévisions n'est pas en adéquation avec tes attentes, cela signifie que tu dois reconsidérer ce que tu es en train de faire.

C'est là qu'intervient l'importance de la budgétisation. Ce sera, dans un premier temps, un exercice pour réfléchir à ton futur et décider ce que tu veux faire. Note que j'ai utilisé le mot « décider » plutôt que « trouver ».

Oublie l'idée de trouver ce que tu veux, tu ne le trouveras jamais. Nous autre, les êtres humains, voulons tellement de choses différentes à des moments différents qu'il est presque impossible de penser arriver un jour à un stade où nous ne souhaiterions rien de plus.

Tu dois prendre en compte toutes les possibilités qui s'offrent à toi. Choisir celles que tu souhaites le plus et t'engager à la réaliser.

Si ton objectif est de travailler dans une banque d'investissement, tu ne seras probablement pas capable de vivre sur une île calme et isolée des Caraïbes pendant la même période.

Il est possible de prendre sa retraite à 50ans, mais si ton objectif est de visiter un maximum de pays avant que tu atteignes tes 30 ans, il est possible que ces 2 objectifs aient du mal à coexister.

C'est pourquoi il est extrêmement important de décider ce tu souhaites vraiment. C'est un exercice pour organiser tes idées.

Sinon, tu risques de te retrouver malheureux en accomplissant un de tes objectifs car tu t'apercevras que ce n'était pas toi qui l'avais choisi. Encore pire, tu pourrais passer ta vie à faire des allées et venues pour finalement constater que tu ne fais que revenir au même endroit en permanence.

Sénèque disait sagement « Il n'est pas de vent favorable pour celui qui ne sait où il va. »

Tu dois définir ta direction pour que le vent souffle dans ton dos. Ne la trouve pas, décide là ! Il est important que tu écrives tes envies et pèses le pour et le contre de chacune d'elles. Certaines vont alors se transformer en objectif et tu t'engageras à les accomplir.

Ça change tout.

C'est à ce moment que tu quittes un monde dans lequel tu ne décides de rien, pour un monde où c'est toi qui diriges ! À travers ce processus de transformation de tes envies en objectifs, tu finiras par devenir plus organisé et tu verras ton environnement plus clairement.

Quand tu planifies, tout devient plus claire. Ça vaut donc le coup de prendre du temps pour réfléchir et décider du chemin que tu souhaites prendre dans ta vie. Ces objectifs peuvent être de se marier, d'avoir des enfants, d'être propriétaire, de prendre sa retraite avant 60 ans, de changer de métier, de créer son entreprise, de vivre à l'étranger, d'apprendre une nouvelle langue, etc.

Certains objectifs pourraient en empêcher d'autres, tu dois donc prioriser ceux qui te tiennent le plus à cœur.

Selon moi, le meilleur point de départ est de réfléchir attentivement à ce sujet de la manière suivante : à l'âge de 90 ans, de quoi est-ce que tu serais fière d'avoir accompli et qu'est-ce que tu regretterais de ne pas avoir fait ?

Ton futur sera un pas dans une direction défini et, c'est toujours mieux si c'est dans la bonne.

Le seul moyen de le savoir est de connaitre le chemin. Il est impossible d'accomplir un objectif qui n'a jamais existé.

Une fois que tes objectifs et tes plans à long terme sont définis, c'est à toi de choisir ton chemin pour y parvenir. Ton budget doit refléter tout ça. C'est la traduction en chiffre du chemin à parcourir.

Si tu veux avoir une lune de miel à Tahiti, le montant de ce voyage devrait être budgétisé. Si tu fais ça et que tu respectes ton budget, ton souhait deviendra réalité.

Notre futur n'est pas décidé à l'avance, c'est nous qui le construisons.

CHAPITRE ONZE
Contrôle tes finances

La plupart des gens pensent que notre tête suffit pour contrôler nos finances. De temps à autre, ils consultent leur compte bancaire pour surveiller le solde et parfois ils jurent qu'un certain montant a été débité alors qu'il n'aurait pas dû l'être. C'est pour la simple et unique raison que – comme chaque être humain que nous sommes – ils ne se souviennent pas de toutes les dépenses qu'ils ont faite dans le mois.

Ce phénomène se produit pour tous ceux qui agissent de cette manière. On ne gère pas ce que l'on ne contrôle pas. Il est donc important que tu exerces un contrôle total sur l'ensemble des opérations de ta vie financière. Tu dois savoir avec précision où tu en es.

Avec toutes les informations en main, tu seras capable d'analyser ta vie financière, de prendre les bonnes décisions et de choisir ce qui doit être changé.

J'avais 19 ans quand j'ai commencé à vivre de mes propres moyens et à contrôler ma vie financière. Juste avant de quitter la maison de mes parents, je me souviens avoir écrit dans un cahier le budget que je devrais tenir à présent. Il comprenait le coût du loyer, des courses, de l'électricité, etc., en définitif, toutes les dépenses mensuelles régulières. Cependant, dans ce budget, il n'y avait pas d'emplacement prévu pour aller boire une bière avec des amis ou acheter des vêtements par exemple.

J'ai beaucoup appris à cette époque. Je commençais à flipper à chaque fois que je commençais à calculer et que je n'arrivais pas à atteindre un solde positif. La solution était donc très simple : arrête de calculer !

Le fait de ne pas contrôler tes finances finit étrangement par te donner, de façon éphémère, le sentiment que tout va bien. On dirait ma fille d'un an qui ferme ses yeux à chaque fois qu'elle veut se cacher. Comme si le monde entier n'existait que lorsqu'elle a les yeux ouverts.

Elle pense qu'à l'instant même où elle ferme ses yeux, tout ce qu'il y a autour d'elle disparaît. Ça paraît idiot non ? Et pourtant, beaucoup de gens jouent exactement à ce genre de jeu lorsqu'il s'agit de leurs finances. Lorsque le résultat de leur budget n'est pas bon, ils agissent comme si cela n'avait jamais existé et ils abandonnent le contrôle de leurs finances. Comme si tous leurs problèmes disparaissaient simplement parce qu'ils n'y prêtent pas attention.

Je dis ça parce que j'ai été dans cette situation. Je connais cette sensation. La vérité peut arriver tard, mais elle n'oublie jamais de se montrer.

Dans tous les cas, lorsque la situation est devenue insoutenable, j'ai décidé que mon histoire devait changer. J'avais l'impression de ne pas avoir d'issue ; je ne pouvais plus remettre ça à plus tard. J'ai changé d'appartement, j'ai changé de travail, et la situation s'est amélioré peu à peu – pas sans quelques encombres, c'est important de le préciser.

J'ai donc créé mon premier tableur Excel de contrôle financier et ça a changé ma vie. La première version était assez basique : une colonne pour le Budget prévu et une autre pour les Dépenses réelles. Il y avait 3 différents types de comptes : les revenus, les dépenses mensuelles et les investissements

Mais rapidement j'ai dû faire face à une difficulté : que faire des dépenses non récurrentes ? Tout comme le budget que j'avais inscrit sur mon cahier quelques années auparavant, je ne prenais pas en compte les dépenses comme l'achat de vêtements, de médicament ou de voyage par exemple.

Je voulais aussi étudier, m'inscrire à des cours, acheter des livres, etc. Je devais continuer à pousser ma carrière professionnelle vers le haut et cela requérait plus d'investissements dans la formation. Cependant, je ne pouvais pas inscrire ça dans mon tableur car je ne connaissais pas avec précision la date à laquelle j'allais pouvoir le faire. Je n'avais aucune idée de la date à laquelle j'allais m'acheter de nouveaux vêtements par exemple.

J'ai donc réfléchi à une solution évidente : J'allais épargner une somme mensuelle pouvant être utilisée à cette fin de temps à autre. J'ai appelé ce nouveau compte « Épargne pour les Dépenses à Court-Terme ». J'allais donc considérer cet argent comme si elle était déjà dépensée et la contrôler dans une différente feuille du tableur.

Etant donné que le temps c'est de l'argent, j'avais l'habitude de placer ce montant épargné dans un investissement à court terme. Ainsi, cette épargne pourrait même générer des intérêts. Il serait donc facile pour moi de savoir combien je pourrais dépenser dans quoi. Si, dans mon tableur, mon solde dans « épargne pour voyager » était de 400€, c'est cette somme que j'avais à dépenser, point barre.

J'avais alors beaucoup plus de facilité pour prendre des décisions. J'allais limiter mes dépenses à ce que j'avais. Pas de prêts à la consommation, pas de paiement en plusieurs versements reposant sur de l'argent que je n'ai pas encore gagné.

Si mes amis me proposaient un voyage à l'international avec eux, je savais qu'avec mes 400 euros, je ne pourrais pas y aller. Pour autant, si le voyage restait dans le pays, là je pourrais sans doute me le permettre.

En plus de la partie des revenus, mon tableur financier avait désormais 4 grands groupes :

1) Revenu ;

2) Dépenses régulières

3) Epargne pour les dépenses à court et moyen-terme ; et

4) Les investissements à long-terme.

J'ai donc organisé mon compte bancaire afin qu'il soit viable et qu'il soit équilibré aussi bien sur le présent que le futur proche et éloigné.

Je dois l'avouer, il me restait peu pour chaque compte. Mais au moins j'avais une idée précise de ma situation financière. La plupart des gens lorsqu'elles reçoivent une somme d'argent supplémentaire commencent à se sentir comme les personnes les plus riches du monde. De mon côté, j'avais plutôt en tête mes besoins et projets futurs. N'oublie pas : les ruisseaux font les rivières.

Je n'allais pas attendre de gagner plus d'argent pour commencer à réfléchir à l'utilisation que j'en ferais. J'étais déjà préparé pour en gagner plus. Je savais exactement où irait un éventuel revenu supplémentaire ou une soudaine augmentation de mes revenus régulier.

J'ai créé des règles qui rendait cette allocation d'argent automatique. Par conséquent, je pouvais tout à fait dépenser mon argent sans culpabiliser car je savais que ça ne pénaliserait pas mes autres objectifs.

C'est la raison même de l'existence du budget, il nous donne une vision précise de ce qui doit être fait pour atteindre les objectifs que nous nous sommes fixés. Bien entendu, il est aussi fondamental d'avoir le contrôle sur tes finances. Un contrôle véritable et tangible, que tu peux voir dès que tu le souhaites.

Nous accordons plus de valeur aux éléments que nous pouvons voir. C'est la source du consumérisme. Voir de vrais objets que l'on peut toucher et ramener chez soi immédiatement nous donnes de la satisfaction. C'est une forte tentation. Même les photos instantanées ont transformé les voyages, les diners, vacances à la plage et le sport en « bien tangible ». Il y a désormais une plus grande tendance à consommer des expériences plutôt que des produits. N'importe qui avec un téléphone peut enregistrer n'importe quelle expérience à n'importe quel moment. Cela la rend beaucoup plus palpable.

La tangibilité est tellement importante que beaucoup d'entreprises gardent leurs objectifs imprimés et affichés en permanence dans leur viseur. C'est une bonne stratégie par ailleurs. Elle consiste à les propager sur toutes les tables de l'entreprise avec le contrôle des objectifs de l'entreprise et les KPI's (indicateur de performance). Observer un indicateur régulièrement nous donne envie de l'atteindre et de la manière la plus efficace. Tu oublieras difficilement son existence et puisque tu le regardes constamment, il est préférable que l'indicateur soit vert.

Les finances personnelles fonctionnent de la même manière. Le contrôle de tes finances transforme ton épargne et tes investissements en des éléments plus concrets qu'une simple idée abstraite. Observer l'évolution de ton solde bancaire te donnera de la satisfaction. Tu vas littéralement voir ta vie financière changer !

Il est très difficile de renoncer à une consommation immédiate ou à un certain niveau de vie lorsque la contrepartie pour cela n'est pas claire à tes yeux. Mais lorsque que tu as des conséquences positives et palpables liées aux sacrifices que tu as fait, tu comprends vraiment leur utilité. Tu seras alors encore plus motivé pour y arriver !

Le contrôle est la clé car il rend ta situation financière concrète. Il existe différents moyens pour y procéder, comme par exemple dans un cahier, une application, sur ton téléphone, etc. Mon outil préféré reste mon tableur Excel. Je te partagerais mes recommandations plus tard dans ce livre et t'expliquerais les raisons de cette préférence. A présent, nous allons parler brièvement de chaque grande ligne que tu dois contrôler dans ton planning financier.

> **Tableur Excel de Planification Financière**
>
> À partir du prochain chapitre, je vais parcourir les fondamentaux pour contrôler et planifier ses finances. Si tu veux les suivre avec le tableur Excel, tu peux le télécharger juste ici et commencer à le compléter pas à pas.
>
> Si non, ne t'inquiète pas, le lien sera aussi disponible à la fin du livre, après avoir tout expliqué.
>
> https://lepouvoirdelaplanification.fr/bonus-tableau-de-planification-financiere/
>
>

CHAPITRE DOUZE
Les revenus

Si tu es salarié, budgéter ton revenu sera certainement la partie la plus facile de la planification. Sauf si une majeure partie de ta rémunération provient de bonus ou de commissions, le montant de ton salaire a toujours tendance à être assez prévisible.

La chose la plus importante à connaitre dans ce cas précis, c'est ton salaire net, net de taxe et d'impôt, y compris l'impôt sur le revenu. Si tes impôts sont prélevés à la source, c'est plus simple, sinon, tu pourras trouver de nombreux simulateurs d'impôts sur internet qui te permettront d'estimer le montant que tu devras payer. Ce n'est pas ton salaire brut qui compte à la fin de la journée. Voici ci-dessous des conseils qui pourraient t'intéresser et qui ne sont pas toujours évidents.

- Ne budgétise pas tes heures supplémentaires si tu n'es pas absolument certain de les faire. S'engager sur des éléments variables et subjectifs n'en vaut pas la peine, même si tu le fais fréquemment. Mis à part si c'est écrit dans ton contrat de travail, rien n'empêche ton patron ou ton responsable RH de changer d'avis et de décider d'arrêter ou de réduire tes heures supplémentaires.

- Les bénéfices non liquides comme les tickets restaurant, les transports, les plans de retraite, les mutuelles, etc. doivent être mesurées et comptabilisés comme des revenus. De cette façon, tu seras plus capable de savoir combien tu gagnes réellement à ton travail. Beaucoup de bénéfices sont révélateurs et devraient influencer tes décisions comme par exemple changer ou non de travail. Après tout, même si tu pouvais gagner plus ailleurs, si tu dois payer ta propre mutuelle et tes repas, au final ça ne vaudra pas forcément le coup, pas vrai ?

Il faut que tu décomposes chaque partie de ton revenu afin de toutes les inscrire dans ton tableur. Ainsi tu auras une vision très réaliste de ce que tu gagnes réellement. Ces données s'inscriront dans ton compte en tant que revenu mais aussi en tant que dépenses. Cela ne changera pas ton solde final mais te donnera une meilleure idée du coût de ton niveau de vie et des véritables avantages financiers de ton travail.

De la même manière, si tu as un emprunt ou une quelconque dépense personnelle qui est directement déduite de ton salaire, tu dois comptabiliser ces montants dans ton salaire net puis réintégrer cet emprunt comme une dépense.

En effet, si ton salaire devait être de 5 000€ mais qu'à la fin du mois tu ne reçois que 4 500€ à cause du paiement d'une mensualité de 500€ lié à un emprunt, ces 500€ vont apparaitre en tant que dépenses et ton salaire, quant à lui, sera de 5 000€.

Beaucoup de gens oublient ça et finissent par ne comptabiliser que leur 4 500€ de revenus. Ton salaire n'est pas moins élevé qu'auparavant, le problème vient plutôt de la dette que tu as. Dans ce cas, il est clair que le problème ne vient pas de tes revenus mais bien de ton niveau de dépense.

Tu devrais adopter la même démarche pour ton plan d'épargne supplémentaire, si tu en as un. La seule différence c'est que tu ne vas pas comptabiliser ça comme une dépense, mais comme un investissement dans une caisse de retraite.

Le fait qu'un montant soit directement déduit de ton salaire ne signifie en aucun cas que ton salaire est amoindri ou que tu gagnes moins. Il est très important que tu gardes ça en tête.

L'objectif est de te donner une idée précise de ta situation.

Il est important de préciser un autre élément. Pour le même travail, en plus du salaire que tu gagnes, il faut aussi prendre en considération la valeur intrinsèque de tes gains sous forme d'expériences. Celle-ci pourra être transformée par la suite en une augmentation de revenus via un salaire plus haut ou des bonus plus importants.

La majorité des gens ne voient pas les choses de cette manière. Pourtant, l'expérience fonctionne comme des intérêts composés. Généralement, les expériences professionnelles valent plus sur le marché. Mais, ça dépend de ton domaine d'activité. Certains travails te paieront globalement la même somme tout au long de ta vie, sans prendre en considération l'expérience que tu as accumulée, tandis que pour d'autres, ce sera l'opposé. Tu devrais donc quantifier les connaissances que ton travail actuel t'apporte à titre personnel ainsi qu'à ton CV.

Il y a des expériences qui valent bien plus que d'autres. Dans certains cas, particulièrement en début de carrière, il peut être plus enrichissant de travailler, même gratuitement, pendant un temps pour accumuler toutes les connaissances et les opportunités qui pourront être utile par la suite.

En ne réalisant pas cela, beaucoup de gens choisissent de prendre des raccourcis. Ils choisissent un travail où ils sont mieux payés à court terme mais pour lequel l'expérience ne pourra pas être transformée en avantage dans le futur.

Il peut être intéressant pour toi de te renseigner sur la rémunération de la personne de ton entourage qui a le plus d'expériences professionnelles. Vois ça comme un devoir maison. Une bonne expérience peut être considérée comme un profit supplémentaire, c'est un revenu invisible. Si le résultat de ton expérience actuelle ne te convient pas, changer de voies peut être une porte de sortie.

Je ne dis pas que « l'expérience » doit être comptabilisée dans ton Tableur Financier, ce n'est pas ça. L'objectif ici est simplement d'y réfléchir. Tu dois voir tous les avantages de ton travail et ne pas te limiter au simple salaire que tu perçois à la fin du mois. C'est encore plus vrai pour ceux qui ont une vision de leur futur.

Si ta principale source de revenus n'est pas ton salaire, budgéter et contrôler deviennent à la fois plus compliqués et plus importants.

Si tes revenus sont variables, il est essentiel que tu élabores une prévision des sommes que tu recevras dans les prochains mois. Ensuite, il sera fondamental que tu comptabilises avec précision tes revenus actuels afin de te fournir de données fiables pour planifier ton futur. Entrepreneur, travailleur libéral ou payé à la commission, etc. Pour ceux-là, le contrôle est essentiel. En fonction de la somme que tu prévois de recevoir, tes dépenses futures devront être ajustées et ce n'est pas une tâche facile

Ne commence pas à venir avec l'excuse qu'il est impossible de deviner combien tu vas gagner, n'essaye même pas ! Ce n'est pas un jeu de devinette. Tu dois bien avoir une estimation de tes gains, sinon tu n'exercerais pas cette activité, pas vrai ?

Se préparer pour l'impôt sur le revenu

Si tu ne paies pas directement et entièrement ton impôt sur le revenu à la source, et que tu dois payer au moins une fois par an un montant supplémentaire à l'administration fiscale, il est extrêmement important que tu t'y prépare.

Il faut que tu anticipes cet événement. Pour cela, tu dois prévoir puis déduire le montant nécessaire de tes revenus nets pour ensuite l'investir ou l'épargner pendant un an. Cela te permettra d'éviter d'être « surpris » l'année suivante par un évènement qui se produit chaque année et qui, au-delà de ça, peut être facilement évalué et préparé.

Seuls les revenus génèrent un impôt sur le revenu. Si tu dois le payer, c'est un bon signe, cela signifie que tu as généré de l'argent ! Vois ça de cette manière et uniquement de cette manière.

Certaines personnes s'efforcent de donner une mauvaise image à de bonnes choses. Payer un impôt sur le revenu n'est pas un problème. Le véritable problème c'est de ne pas générer de revenus. Maintenant regarde le verre à moitié plein et prépares-toi pour tes obligations.

Je le répéterais autant de fois qu'il le faudra : <u>Tu ne peux pas être surpris par des éléments dont tu connais déjà l'existence,</u> peu importe que tu apprécies de payer des impôts ou non.

Est-ce que franchir une nouvelle tranche d'imposition – lié à une augmentation de mon Salaire Brut – peut finir par me causer une baisse de revenu ?

Certains contribuables pensent que dès lors que leurs revenus augmentent suffisamment pour franchir une nouvelle tranche d'imposition, leur revenu net va diminuer.

Non, non et non !

La grande majorité des pays du monde appliquent ce que l'on appelle un système d'impôts à taux progressifs. En France, ce n'est pas différent. Dans ce type de système, une certaine augmentation de ton revenu te fait franchir une nouvelle tranche d'imposition. Cependant tu ne paies la tranche la plus haute (taux marginal) que sur la part de tes revenus qui excède le palier de cette tranche.

Ci-dessous, juste à titre d'exemple, tu trouveras les différentes tranches d'imposition en France en 2020.

Tranches	Taux d'imposition à appliquer sur la tranche correspondante (ou tranche marginale d'imposition)
Jusqu'à 10 064 €	0 %
De 10 065 € à 25 659 €	11 %
De 25 660 € à 73 369 €	30 %
De 73 370 € à 157 806 €	41 %
Plus de 157 807 €	45 %

Barème progressif applicable aux revenus de 2020

Source : https://www.service-public.fr/particuliers/vosdroits/F1419

Ton taux marginal d'imposition n'est applicable que pour tes revenus additionnels et non pas pour l'entièreté des revenus que tu génères. Il est mathématiquement impossible de gagner moins avec un revenu brut plus important. Être payé plus peut t'obliger à franchir une nouvelle tranche d'imposition mais certainement pas te mener à une baisse du montant de ton salaire.

CHAPITRE TREIZE

Les Dépenses Récurrentes

C'est facile de les reconnaitre, pas vrai ? Elles sont vraiment simples et évidentes : les dépenses récurrentes sont celles qui se répètent chaque mois.

Le montant de ses dépenses pré-engagées est-il nécessairement fixe ? Généralement oui, mais pas dans tous les cas. Est-ce que ta facture d'électricité est un coût fixe ? Oui et non. D'un côté tu sais que tu vas supporter cette charge chaque mois, donc, en ce sens, elle est fixe. Mais elle varie aussi en fonction de ta consommation, ce qui la rend variable.

Ton loyer, par exemple, aurait tendance à être considéré comme une charge fixe. Ce n'est pas faux, mais ce n'est vrai qu'au court terme. Au long terme, cette charge est variable car son montant peut changer si tu décides de déménager ou d'acheter ton propre logement. Même si tu choisis de rester au même endroit, il faut que tu gardes en tête que le montant de ton loyer est amené à augmenter chaque année en fonction de l'inflation et, par dérivé, de l'Indice de Référence des Loyers (IRL).

Distinguer les charges fixes et les charges variables peut être intéressant dans un but analytique. Pour autant, ce ne sera pas aussi clair et pertinent que de les diviser en fonction de leur fréquence. En effet, une fois que tu as planifié un budget, la majorité des dépenses doivent ressembler à une charge fixe.

Le meilleur moyen pour créer un planning viable et durable c'est d'organiser ton budget par récurrence. Pour entretenir sainement tes finances personnelles, tu dois bien équilibrer ton temps. L'objectif est de maintenir une bonne qualité de vie à l'instant présent sans compromettre celle du futur.

Ce n'est pas seulement le fait d'avoir ou non des dettes. Dépenser tout ce que tu gagnes ne rendra pas non plus ta vie financière saine. Tu dois au moins te préparer pour les dépenses qui ne se présentent pas chaque mois, investir pour ta retraite et te constituer une épargne de précaution.

Un bon budget est un budget qui respecte cet équilibre.

Par conséquent, la division entre le présent, le futur proche et le futur à long terme se traduit par des dépenses récurrentes, de l'épargne pour des dépenses à court et moyen terme et des investissements à long terme.

Les dépenses récurrentes sont une représentation approximative de ton niveau de vie. L'idéal est donc de les maintenir à un niveau plus ou moins stable. Ce montant devrait être le même chaque mois, et par conséquent, tu pourrais le connaitre par cœur.

Beaucoup de personnes pensent que la seule solution à leurs problèmes financiers est de gagner plus d'argent. Il faut comprendre et retenir qu'un euro épargné a le même impact qu'un euro supplémentaire gagné. Donc, avant de blâmer ton salaire pour tes problèmes financiers, assure-toi d'avoir limité suffisamment tes dépenses en cherchant le meilleur accord coût-bénéfice.

À présent, je vais t'accompagner dans chacune des dépenses récurrentes les plus communes.

Le Loyer

C'est généralement l'une des dépenses les plus couteuses. Par conséquent, il est extrêmement important de rester attentif à son sujet.

Si ta situation financière n'est pas saine et que tu n'as nulle part où faire des économies, il se peut que ton loyer ne soit pas en accord avec tes revenus.

Un loyer qui excède 30% des Revenus Net d'un ménage est un très mauvais signe. Dans des villes comme Paris et sa proche couronne ou Bordeaux et Lyon, tu pourrais avoir à payer un peu plus que ça, mais jamais beaucoup plus.

Sincèrement, je ne te recommande pas de changer de logement dès le début, car en plus d'être un coût financier, c'est aussi une épreuve émotionnelle. Certaines étapes sont plus faciles à mettre en œuvre pour débuter. Pour autant, même si déménager n'est jamais facile, c'est parfois notre seule solution pour nous constituer une situation financière saine. De plus, un nouveau logement peut symboliser un nouveau départ, une nouvelle vie. Considère ce changement comme temporaire, c'est uniquement jusqu'à ce que tu organises ta vie financière.

Les Courses Alimentaires

Il t'est surement déjà arrivé d'aller au supermarché pour acheter une chose en particulier mais tu es finalement ressorti avec un sac rempli d'éléments dont tu ignorais leurs nécessités. Sans planning, les gens se perdent souvent dans les supermarchés. Ils commencent alors à trop dépenser et à acheter des choses dont ils n'ont pas besoin.

Le meilleur moyen d'éviter le gaspillage est de créer une liste de courses en y notant tout ce dont tu as vraiment besoin. C'est une vieille méthode mais, crois-moi, ça fonctionne toujours. N'écris pas sur la liste ce que tu veux, commence plutôt par noter ce que tu peux dépenser. Définis un montant total maximal au préalable et ensuite, crée une liste qui correspond à ce montant.

Respecte cette liste, évite temporairement les éléments non essentiels et essaye de choisir des articles moins chers.

Si la liste ne t'aide pas à réduire tes achats non essentiels, tu peux essayer la stratégie du paiement en espèces. Il te suffit de retirer à l'avance le montant maximal que tu souhaites dépenser et de laisser ta carte bancaire chez toi. Tu seras étonné de la manière dont tu peux te retrouver sélectif lorsque tu n'as vraiment pas d'autres options. Avec une quantité limitée d'espèce dans ton portefeuille tu laisseras dans les rayons tout ce qui n'est pas essentiel.

Le supermarché à un côté magique pour ceux qui sont habitués à restreindre leurs dépenses dans toutes les autres situations mais qui, une fois à l'intérieur du supermarché, se sentent libres d'acheter tout ce qu'ils désirent comme s'ils n'avaient pas de limites.

Mais au bout du compte, lorsqu'ils réalisent à quel point c'était cher, ils accusent l'inflation, les impôts, le Gouvernement, malgré qu'ils aient dépensé bien au-delà de ce qui leur était nécessaire. Garde ça en tête : 10€ dépensé dans le supermarché impacte ton budget de la même manière que 10€ dépensé n'importe où ailleurs.

Pour la plupart d'entre nous, je pense que ce comportement est lié à l'époque où nous étions enfants ou adolescents. L'époque où nous avions l'habitude de rechercher de la nourriture à la maison, de la nourriture que nous considérions comme gratuite. Mais comme le dit le proverbe, il n'y a pas de repas gratuit (et particulièrement dans ce cas). Il n'y en a jamais eu et il n'y en aura jamais, donc tu ferais mieux de garder ça en tête.

Il n'y a rien de mal à se payer du luxe lorsqu'on peut se le permettre. Par ailleurs, si ta priorité est de consacrer ce luxe à de la nourriture, qui suis-je pour te juger ? Mais assure-toi que ce soit bien ton choix et que tu aies bien saisi que cela se fait au détriment des autres comptes.

Si cela ne figure pas parmi tes objectifs principaux, contrôle-le. Parfois les ajustements ne sont nécessaires qu'à court terme, jusqu'à ce que ta situation financière soit rétablie.

Ces dépenses pourraient représenter un problème conséquent. Les courses alimentaires font partie des coûts pour lesquels il est difficile de reconnaitre qu'il y a un problème. Il y a toujours les « mais c'est le seul que j'aime », « je ne dépense rien d'autre », « cette marque est beaucoup mieux » et ainsi de suite. D'autres excuses viennent souvent se cacher derrière des idées comme « parfois le moins cher est le plus cher ». C'est vrai dans certains cas, mais j'ai l'impression que les gens pensent de cette manière plus souvent qu'ils ne le devraient. La plupart du temps, c'est uniquement pour justifier un choix plus couteux. Habituellement c'est surtout le résultat d'un marketing efficace.

Le Téléphone Portable

Au fil des années, nombreux sont les produits et services qui sont devenus de plus en plus chers, notamment à cause de l'inflation. La téléphonie mobile a été une exception.

Changer d'offre ou d'opérateur est souvent une bonne affaire facile à réaliser. En général, c'est la première étape pour ceux qui décident de remettre de l'ordre dans leur vie financière. Tu n'as qu'à aller sur les sites internet des principaux fournisseurs et comparer les coûts et les bénéfices, et … action !

Téléphone Fixe, Décodeur TV et Box Internet

Soyons franc, as-tu encore réellement besoin d'un téléphone fixe ?

Pour la plupart des gens, je pense que non. Si tu as la possibilité de résilier le tien, ce sera une économie facile.

Si tu en as encore besoin, pour n'importe quelle raison, il serait judicieux de trouver un forfait prépayé fixe si tu t'en sers rarement.

Concernant le décodeur TV, réfléchi à ta nécessité d'avoir accès à toutes ces chaines. Tu pourrais peut-être changer pour une offre moins couteuse.

Le streaming a émergé depuis ces dernières années et représente une alternative intéressante aux offres de décodeur TV les plus avancées. Il est judicieux de se renseigner à ce sujet aussi. Étonnement, crois-moi ou non, les offres groupées Décodeur TV & Box Internet ne sont pas toujours les moins onéreuses. Il est possible d'économiser de l'argent en combinant différentes offres indépendantes. Commence par trouver ce qui te correspond le mieux. Le marché et très dynamique.

L'Argent de Poche

Certains planificateurs financiers te suggèrent d'écrire absolument toutes tes dépenses, peu importe leur montant.

Le café au lait est leur ennemi préféré !

Personnellement, je pense que c'est trop. Lorsque l'on commence, particulièrement pour les gens qui ont la fâcheuse tendance de trop dépenser, tout noter peut s'avérer utile. Pour autant, une fois que ta vie financière est sous contrôle, il n'est plus nécessaire de le faire.

Un bon Plan Financier simplifie ta vie. Voilà ce que je recommande : Accorde-toi une somme hebdomadaire. Cette action transformera en charge fixe ce que beaucoup de planificateur appelle Charges Variables. Par ailleurs, ce sont ces charges qu'ils te conseillent toujours de réduire.

Tu n'as pas nécessairement besoin de réduire ta consommation de bières et de barbecue avec tes amis ou tes diners avec ton/ta copin(e) pendant le week-end. Il suffit de créer une limite qui est en adéquation avec ton budget.

Tu n'auras pas trop à te soucier de l'utilisation de cet argent. C'est l'unique portion de ton budget que tu peux dépenser librement sans t'en inquiéter. Respecte cette somme avec la même discipline que les montants que tu épargnes ! Ne dépense pas plus que la portion que tu t'es fixée et n'utilise jamais cette somme pour épargner ou pour investir. S'il te reste de l'argent à la fin de la semaine, c'est très bien, tu pourras dépenser plus la semaine prochaine ! C'est ça l'idée !

N'utilise jamais ton argent de poche pour investir.

Cette portion est prévue afin d'être utilisée pour des petites dépenses et pour des loisirs comme aller au restaurant, au cinéma, au théâtre, dans des boîtes de nuit, etc. C'est exactement comme l'argent de poche que tu recevais peut-être de tes parents lorsque tu étais adolescent.

Le montant variera d'une personne à une autre, d'un revenu à un autre. Le plus important reste le fait d'avoir la discipline de ne pas dépenser plus.

Pour rendre ça plus facile, chaque lundi, je vais à la banque et je retire la somme que j'avais définie. Je la place dans mon portefeuille et comme ça, je passe à autre chose. Quand il n'y en a plus, il n'y en a plus. C'est aussi simple que ça et « désolé les gars, je ne vais pas pouvoir vous rejoindre au bar ce soir parce que je suis à court d'argent ».

Pourquoi mentir ? Dis-leur la vérité et s'ils insistent recommande-leur ce livre !

Les Donations

Trouve une cause en laquelle tu crois sincèrement afin de lui faire des donations mensuelles.

Ça te fera du bien et tu auras le sentiment que la responsabilité que tu portes au soin de tes finances est aussi liée à ceux qui en ont le plus besoin. J'aime bien m'impliquer dans des projets qui encouragent les gens à devenir indépendant, qui priorisent l'enseignement de la pêche plutôt que de simplement donner du poisson. J'aime aussi aider le personnel soignant.

En plus, toutes les personnes qui font des donations d'une partie de leur argent sont plus heureuses. C'était le résultat d'une étude mené par la Harvard Business School à travers 136 pays. Warren Buffet, Bill Gates et beaucoup d'autres milliardaires et millionnaires ont l'habitude de donner de l'argent.

Souviens-toi des mecs dans l'arène. Certains pointent du doigt ceux qui agissent pour montrer comment ils auraient pu mieux faire pendant que d'autres y vont et y arrivent !

Si ce n'est pas de l'argent, essaye de trouver un créneau pour donner un peu de ton temps. Cela implique pour toi d'avoir la responsabilité d'aider les autres et tu verras à quel point des évènements magiques se produiront dans ta vie. Tu verras aussi les impacts énormes que peuvent avoir des petites actions sur la vie d'autres personnes.

Les Autres Dépenses

Les autres dépenses récurrentes sont typiquement les charges liées à l'électricité, à l'eau, au gaz, mais aussi les frais de transport comme l'essence ou les transports publics, les taxis, les Uber ou, plus généralement, une combinaison de tous ceux-là.

Si tu as besoin d'aller chez le coiffeur ou le barbier chaque mois, il serait judicieux de prévoir une ligne consacrée à cette dépense. Les frais liés à un abonnement dans une salle de sport ou à d'autres activités, les frais bancaires, les cours particuliers ou n'importe quelles autres dépenses qui se répètent chaque mois. Crée une ligne pour chacune d'entre-elles.

À partir du moment où tu vas commencer à comptabiliser tes dépenses, tu vas probablement te questionner sur l'emplacement de certaines d'entre elles.

Par exemple, si tu appelles un Uber pendant un voyage et que tu as un budget dédié aux Voyages et un autre dédié aux Uber, est-ce tu comptabilises ça comme une dépense liée au voyage ou à une dépense liée à des frais de transport réguliers ? Tout dépend de ce que tu avais prévu au moment où tu as créé ton Budget. Il y a une certaine part de subjectivité là-dedans.

Selon moi, dans ce cas précis, la vraie question à se poser c'est : Est-ce que cette dépense d'Uber est liée à ton voyage spécifiquement ou est-ce qu'elle aurait eu lieu de toute façon ? Manger un hot dog à Rome peut être considéré de la même manière que de manger un hot dog dans ton quartier : tu devrais utiliser ton argent de poche.

D'ailleurs, ne mange pas de hot dogs à Rome, choisis plutôt des lasagnes !

Pour résumer ce chapitre, les dépenses récurrentes sont soit fixes, soit semi-fixes, soit variables, mais dans tous les cas, elles se produisent chaque mois. Elles sont aussi relativement plus simples à mémoriser lorsqu'elles sont planifiées.

Certaines dépenses ne se produisent pas tous les mois et, par conséquent, beaucoup de gens finissent par oublier de s'y préparer.

C'est pourquoi, il est très important d'évoquer ce sujet, pour que tu n'oublies jamais de réserver une part de tes revenus mensuels à ces dépenses.

La Fonds de Roulement

Voilà une petite astuce. Toutes les entreprises ont un fonds de roulement. Alors, pourquoi ne pas adapter cet élément à la finance personnelle ?

La réserve de trésorerie c'est ce qui te permettra d'éviter la mauvaise surprise de te retrouver en négatif sur ton compte bancaire. C'est un montant défini qui te permet de faire la jonction entre tes revenus et tes charges. Tu sais, quand, à la fin ou au début du mois, tes charges commencent à se bousculer pour arriver toutes en même temps alors que tu n'as pas encore reçu ton salaire ?

Pour définir ce montant, je te conseille d'additionner toutes tes charges récurrentes, et de les diviser par deux.

Voici un exemple très simplifié :

Dépenses récurrentes :

Loyer charges comprises : 650€
Nourritures : 250€
Électricités : 30€
Téléphone & Internet : 40€
Sport : 30€
Total : 1000€

1000€ / 2 = 500€
Ton fonds de roulement doit être au moins égale à 500€.

De cette manière, la limite théorique de ton compte en banque ne sera plus à 0€ mais à 500€. Si un matin en te réveillant tu te rends compte qu'il ne te reste plus que 400€, cela signifie que tu as 100€ de déficit. Mais pas de panique, tu n'auras pas de frais bancaire à payer !

Selon moi, 500€ est un minimum pour chacun d'entre-nous. Bien sûr, en fonction de ton niveau de revenu et de charge, il peut et doit être plus important.

Par ailleurs, les banquiers n'aiment pas prêter de l'argent à des gens qui peuvent représenter un risque d'impayés. Si tu es souvent en négatif, alors tu représentes un risque, et cela pourrait te bloquer pour tes projets futurs. Le fonds de roulement est aussi un moyen pour rassurer ton banquier sur la bonne tenue de tes comptes.

Voilà tout l'intérêt du fonds de roulement.

Dépenses Récurrentes VS Épargne à Court et Moyen Terme

Il est amusant d'observer à quel point les gens adorent les abonnements. Ils sont prêts à payer une grosse somme d'argent en échange d'une consommation illimitée. Les abonnements leur donnent l'impression de recevoir des biens ou des services gratuitement. C'est très bizarre, je sais. Certains de mes amis adorent aller dans le type de restaurant « grill à volonté » où tu payes cher pour manger tout ce que tu veux. Ils mangent énormément là-bas, c'est vrai, même au-delà de leur simple faim et de leur gourmandise. C'est pourquoi, un jour, je leur ai proposé d'aller dans un restaurant traditionnel et de payer le même montant que d'habitude pour commander ce qu'ils veulent. Malheureusement, ils ont refusé. Ils m'ont demandé : « C'est quoi l'intérêt de dépenser la même somme d'argent que dans un endroit où le service est illimité ? ». Le truc c'est que, dans les restaurants à volonté, il n'y a pas de limite, je sais, mais nous autres, les êtres humains, avons toujours des limites ! Au final, tout ça ne compte pas ! La plupart du temps, tu acceptes de payer plus juste pour avoir un sentiment de liberté. Quand tu es dans un restaurant à la carte, tu ne seras pas capable de commander énormément. En effet, une fois que tu as assouvi ta faim, pourquoi est-ce que tu payerais davantage pour commander plus de nourriture ? Les gens n'ont pas consciences que c'est exactement ce qu'ils font dans les restaurants à volonté.

On a tous tendance à faire ça. J'ai un compte Netflix à la maison. Au moment où j'écris ce livre, un abonnement Netflix standard coûte 11,99€. Habituellement, Alice et moi ne l'utilisons qu'une fois par semaine, pendant le week-end. Finalement, ça représente un coût d'environ 3€ par utilisation. Et ça, c'est dans le meilleur des cas, car parfois, on voyage pendant le week-end ou on décide tout simplement de faire autre chose. Mais dans tous les cas, ça en vaut toujours le prix. Cependant, un jour, j'ai préféré changer en essayant de regarder un film sur YouTube. Cependant, pour y avoir accès, il fallait payer 2,50€. Et là je me suis dit : « jamais je ne payerais ça ! ». Donc, je suis d'accord avec le principe de payer plus cher chaque mois pour avoir un service illimité, mais je refuse de payer un prix moindre pour un service unique. Cependant, en réalité, rien n'est illimité. C'est une idée purement psychologique. En fin de compte, notre temps est limité à 24h par jour et on a toujours besoin de se reposer ou de dormir. Mais utiliser le mot « illimité » est un meilleur slogan commercial que de vendre un service utilisable 16h par jour.

Pour autant, Netflix ne cause pas vraiment de problème à qui que ce soit. Après tout, 11,99€ pour Netflix ou 7,50€ pour un seul film, ça ne représente qu'une différence de 4,49€ pour avoir le mot « illimité » dans ma vie. C'est la même chose pour les restaurants à volonté. Si ça n'arrive pas toutes les semaines, il n'y a aucun mal, ça n'a qu'un effet limité. Cependant, lorsqu'il s'agit d'un montant plus important comme pour avoir une voiture, là ça pourrait causer des problèmes.

Je connais des gens qui utilisent les transports publics pour aller au travail et qui gardent leur voiture garée dans leur garage. Avoir une voiture représente un coût fixe approximatif de 350€ par mois simplement avec les réparations, l'assurance et la dépréciation (la valeur que perd la voiture avec le temps). Ensuite, il y a l'essence et les frais de parking. Cette somme peut facilement atteindre 600€ si tu ne l'utilise que les week-ends. Et si tu décidais plutôt d'utiliser Uber à la place ? Tu sais ce qui se passerait ? Tu refuserais de payer plus de 100€ par semaine pour ça, voilà ce qui se passerait. Tu y réfléchirais à deux fois avant de décider d'aller quelque part. Même si, en réalité, tu dépenserais moins d'argent qu'en ayant une belle voiture.

Je ne suis pas en train de dire que tout le monde devrait vendre sa voiture et utiliser Uber en permanence. Certaines personnes utilisent leur voiture pour aller au travail et pour voyager constamment. Par ailleurs, il existe des endroits où les services d'Uber ne sont pas accessibles. Au fond de moi, je sais aussi que la possession d'une voiture est le symbole d'un certain statut et que des gens préfèrent montrer aux autres que tout va bien pour eux alors qu'en réalité ils ne vont pas bien du tout.

Mais là où je veux en venir c'est que lorsque nous avons une vision intégrale d'un coût, nous sommes plus retissant à dépenser. Lorsqu'elles sont cachées sur des factures qui se présentent comme « illimitées », on les voit comme des dépenses inévitables que nous devons inclure dans nos vies. C'est étrange mais on préfère payer plus cher pour éviter d'avoir un budget flexible. Ça ne devrait pas être l'inverse ? Ça n'a pas de sens. Plus tu payes pour un seul élément déterminé, plus le coût global sera clair pour toi. Mais au final, si tes abonnements te reviennent moins chers alors garde-les.

CHAPITRE QUATORZE

L'Épargne pour les Dépenses à Court et Moyen Terme

Certains coûts se présentent à nous de façon annuelle ou en tout cas avec une fréquence qui n'est pas mensuelle et très souvent, les gens oublient de s'y préparer. Tout ce qui diffère de tes dépenses mensuelles habituelles finit par compliquer ton planning financier.

Le fait que certaines dépenses ne se répètent pas mensuellement ne t'empêche pas de t'y préparer chaque mois. Tout ce que tu as à faire c'est de budgéter un montant annuel que tu auras déterminé ou que tu auras à payer et de la diviser ensuite par le nombre de mois dans l'année. Tu auras ainsi une vision plus précise du coût que tu devras payer.

Voici les dépenses non récurrentes les plus communes pour lesquelles tu dois consacrer une part de ton revenu mensuel.

L'Entretien et la Réparation de la Voiture

La décision d'acquérir une voiture nécessite une analyse allant au-delà du simple fait d'avoir suffisamment d'argent pour l'acheter. Tu as besoin d'être capable de la maintenir en état de marche sans qu'elle devienne un frein dans ton planning financier.

En plus de l'assurance, avoir une voiture signifie aller faire régulièrement le plein d'essence, le contrôle technique, la vidange, le changement des pneus, etc. Ces dépenses ne doivent pas t'étonner. Toutes les personnes qui possèdent une voiture devrait avoir conscience qu'elles existent pour s'y préparer .

Toutes les voitures ont un cout d'entretien qui leur est propre et qui varie selon différents critères comme : la marque, l'âge, l'utilisation, etc. Réfléchi à ces coûts et à leur périodicité, puis, divise-les par un montant identique. Cela te donnera le montant mensuel à épargner pour prévenir l'entretien de ton véhicule.

Donc, si tu estimes que tu auras besoin de nouveaux pneus dans 4 ans et qu'ils coutent 240€, tu dois économiser 5€ par mois.

En plus de ces dépenses, tu peux aussi prévoir des coûts de réparation du véhicule liés à de petits accidents. De fait, même si un évènement indésirable arrivait à ta voiture, tu serais déjà prêt à la réparer.

Posséder une voiture c'est aussi être conscient de la probabilité qu'elle puisse tomber en panne. La probabilité est forte qu'à un moment donné, même si c'est rare, au moins un élément se casse. Tu dois alors acheter des pièces dont tu ignorais même l'existence.

Le meilleur moyen pour répondre à ces éventualités, c'est de se préparer à toutes les supporter. Posséder une voiture représente bien plus que d'avoir suffisamment d'argent pour l'acheter. Tu dois être prêt à la maintenir en état et ce n'est pas gratuit.

L'Entretien du Logement

Tout comme la voiture, ton logement aussi a besoin d'entretien. Cela va de l'intervention d'un plombier au remplacement d'un meuble ou de la vaisselle cassée.

Il y a ensuite la taxe foncière et la taxe d'habitation (même si cette dernière devrait disparaitre progressivement).

Tu dois y être attentif et prêt à supporter tous ces coûts.

Les Voyages

Au début de chaque année, je décide des voyages que je souhaite faire pendant mes vacances. J'évalue ensuite le prix qu'ils me couteraient.

Après avoir trouvé une destination qui, au-delà de me plaire, correspond à mes moyens et ne contraint pas mes autres objectifs, je divise le coût global par 12 puis je commence à épargner chaque mois.

En règle générale, je commence par me créer un budget voyage minimaliste. Pour autant, si par la suite j'arrive à avoir plus d'argent, j'en utilise une partie pour améliorer mes voyages.

Par ailleurs, lorsque l'on planifie de voyager à l'étranger, il peut être intéressant de commencer à acheter la devise de la destination chaque mois avant le départ. Cela permet de diminuer le risque d'une soudaine variation du taux de change qui pourrait nuire aux dépenses du voyage.

Concernant les longs voyages (au moins 2 semaines), il est utile d'avoir conscience que pendant toute cette période tu finiras par économiser certaines de tes Dépenses Récurrentes. En effet, malgré les dépenses directement liées à ton voyage, tu économiseras l'électricité de ton logement, ton argent de poche hebdomadaire, tes frais de transports, etc. Il peut donc être intéressant de prendre en considération ces économies lorsque tu concevras le budget de ton voyage. Il est important de bien quantifier ces économies pour avoir une idée claire de la valeur totale de celles-ci. Car attention, certaines personnes connaissent l'existence de ces économies mais ont tendance à les surévaluer.

L'Éducation

Tous les types d'investissements devraient être présents dans ton budget. Mais si je devais en définir un comme le plus important, je choisirais sans aucun doute celui-ci.

Retiens bien ça : tu es ton meilleur investissement. Tu es la source de tout l'argent que tu vas gagner, la source de tout le bonheur et de l'amour que tu auras.

Investis en toi !

Tu ne parles aucune langue étrangère ? Prépare-toi à en apprendre une.

Tu n'as pas de Licence Universitaire ? Prépare-toi à l'obtenir.

Il y a plein de possibilités pour apprendre à distance de nos jours. Étudier à l'étranger pourrait aussi être une superbe idée. Il y a aussi plusieurs formations disponibles en anglais dans des pays comme l'Allemagne, l'Espagne ou les Pays-Bas. Tu peux à la fois étudier, ouvrir ton esprit à une culture complètement différente et apprendre une langue étrangère pendant que tu profites d'une expérience amusante et enrichissante.

C'est trop tard pour toi ? Envisage cette option pour tes enfants si tu en as.

Cependant, bien que les diplômes soient très importants et puissent être fondamentaux, nous arrivons désormais à un point où les diplômes nous servent de moins en moins. Ce qui, selon moi, n'est pas une mauvaise chose.

Au final, ce qui importe réellement, ce sont nos connaissances et celles-ci sont accessibles aujourd'hui par des milliers de façons de faire différentes.

Investi en toi ! Investi en toi ! Investi en toi !

La plupart des gens n'ont pas vraiment besoin d'une multitude de diplômes ou de certifications. Par exemple, Kindle, te donnera accès à de nombreux livres qui proviennent du monde entier. Je suis toujours en train de lire dans le bus, à la banque, partout où je dois patienter.

Beaucoup de personnes passent leur temps sur les réseaux sociaux. Ils sont importants mais avec modération car ils sont très généralement trop chronophages si on les utilise sans se contrôler.

Voici donc un conseil judicieux : remplace la majorité du temps que tu passes sur les réseaux sociaux par de la lecture digitale.

Je suis complètement d'accord avec Seth Godin lorsqu'il avait prononcé les mots suivants : si seulement les gens réalisaient à quel point acheter un livre est une aubaine ! Pour 15€ ou 20€ tu as accès à un contenu qui peut te changer toi et ta vie pour toujours.

Toux ceux qui ont décidé de s'engager dans le long processus de rédaction d'un livre l'ont fait parce qu'ils ont une chose intéressante à partager. Crois-moi, à chaque fois que tu finis un livre, tu deviens une nouvelle personne.

En parallèle, il y a aussi de bonnes applications comme *Coursera* qui te donne accès aux cours des meilleures universités du monde à des prix abordables.

Investir dans l'éducation est obligatoire. C'est l'une des bases pour se construire un futur meilleur. Si tu penses que l'éducation est trop chère, essaye donc l'ignorance.

Les Cadeaux et les Fêtes

Les cadeaux et les fêtes sont autre type de dépense non récurrente. Il y a les anniversaires de mariage, les anniversaires des enfants, les cadeaux de Noël, la fête des mères et des pères, le mariage des amis, etc.

Dans tous les cas, tous ces évènements font l'objet des dépenses pour des cadeaux ou des fêtes, alors anticipe-les.

La Santé

Si tu as déjà été dans la situation où tu as dû réajuster tes finances personnelles mais que tu es finalement tombé malade à mi-chemin et que tu as dû dépenser de l'argent pour des médicaments, alors tu connais l'importance de cette ligne dans ton planning financier.

Malheureusement, il n'est pas rare d'attraper au moins la grippe ou un rhume chaque année. Il vaut mieux disposer d'une réserve d'argent pour palier à ce genre de dépense si nécessaire.

Cependant, rappelle-toi que les paiements mensuels dédiées aux mutuelles et aux frais de santé sont des dépenses récurrentes. L'épargne que tu crées pour ta Santé doit être utilisée pour toutes les dépenses qui ne sont pas prises en compte par l'Assurance Maladie ou ta Mutuelle.

Les Vêtements

L'achat de vêtement est une autre source de dépense qui se présente à nous de temps à autre. À mesure que les jours passent, tes habits vieillissent et, tôt ou tard, tu auras besoin de les remplacer par de nouveaux.

N'oublie pas ça : être bien habillé change la manière dont les gens te regardent que tu sois d'accord ou non.

Accessoires et Équipements

C'est la même logique pour les équipements électroniques comme les téléphones, les ordinateurs, etc. De temps à autre, ils vont se casser ou devenir obsolètes et tu devras les remplacer.

De plus, de nouvelles possibilités apparaissent avec les nouvelles technologies.

Concentre-toi sur les équipements qui t'aideront à augmenter ta productivité chez toi et à réduire le temps que tu consacres aux tâches ménagères. Voici quelques exemples d'équipement que j'ai chez moi et qui me font gagner un temps précieux : un défroisseur pour vêtements ; un autocuiseur ; un lave-linge ; un lave-vaisselle ; etc.

C'est ce que je pourrais appeler : une dépense intelligente.

Les Dépenses à Moyen Terme

La majorité des dépenses à moyen terme sont des évènements plutôt rares et exceptionnels comme une fête de mariage ou un voyage autour du monde.

Concernant la fête de mariage, mon conseil est de la planifier très prudemment. C'est un grand jour pour chacun d'entre-nous et on souhaite qu'il soit parfait, quoi qu'il en coûte. Mais le plus important dans tout ça reste ta moitié, ne l'oublie pas. Le mariage marque généralement le début d'une alliance pour toute une vie, garde ça en tête. Pour notre mariage, Alice et moi souhaitions une cérémonie personnelle et intimiste. Alors c'est ce que nous avons fait. Nous n'étions que tous les deux sur une plage déserte d'une île appelée Ilha Grande située à 2h de Rio de Janeiro au Brésil. Pendant une magnifique soirée ensoleillée du mois d'Août, nous étions accompagnés des arbres, des montagnes et de la mer. Cela signifiait beaucoup pour nous. C'est le souvenir le plus mémorable que nous ayons tous les deux de nos vies. Nous avions toujours eu l'habitude d'être en permanence entourés de nos amis et de notre famille, mais cette fois-ci, c'était notre moment. Par la même occasion, nous n'avions pas à dépenser beaucoup d'argent pour le mariage, mais ce n'était pas la principale raison de notre choix. Nous l'avons fait de la manière dont nous le voulions. Cependant, certaines personnes ressentent le besoin de dépenser des montagnes d'argent pour une journée. Ce n'est pas un problème si c'est ton rêve. Après tout, c'est pour ça que nous vivons : accomplir nos rêves ! Cependant, voici mon conseil : méfies-toi. Lorsque l'on commence à vivre à deux, il y a tant de projets à l'horizon. On décide d'emménager ensemble, ensuite on va vouloir plus d'espace puis un enfant risque d'arriver tôt ou tard. Si tu n'es pas préparé pour toutes ces dépenses, l'argent pourrait devenir un véritable problème et pourrait finir par devenir un motif de divorce, un sujet dont on a déjà parlé. Ta vie de couple devrait avoir plus de valeur que ta cérémonie de mariage. Entame ta vie de couple dans un environnement sain. Tu pourras toujours profiter d'une fête de mariage pour partager un moment de joie avec tes amis et ta famille dans les 10 à 15 prochaines années, lorsque tu auras le sentiment d'avoir une situation financière plus stable.

Les Autres Dépenses

Ça ne s'arrête pas là. Tu dois économiser pour toutes les dépenses que tu auras à supporter au court et au moyen terme. Tous les objectifs et les envies que tu as au court et au moyen terme devraient être un motif pour épargner !

Les Dépenses Exceptionnelles

Il y a trois types de dépenses exceptionnelles :

- Celles qui sont imprévues.
  Ex : contravention, frais postaux, etc.

- Celles qui n'arrivent pas suffisamment souvent pour rentrer dans un budget fixe.
  Ex : frais lié à un déménagement, frais d'inscription, frais de résiliation, etc.

- Celles qui comblent un manque lorsque tu n'as pas suffisamment d'argent sur une ligne pour financer un achat.
  Ex : si tu dois réparer ta voiture mais que le cout de la réparation dépasse le montant que tu possèdes dans « entretien véhicule », tu peux combler ce manque avec ta réserve pour les dépenses exceptionnelles.
  Attention : ce dernier n'est valable qu'avec des

dépenses indispensables. Il serait tout à fait imprudent d'utiliser cette ligne pour financer l'achat de vêtements, de meubles, d'un voyage, etc.

Il faut que tu te prépares pour ces trois types de dépenses au cas où elles se présenteraient.

Je te conseille d'avoir une réserve d'au moins 500€ pour cette ligne et de l'alimenter tous les mois. J'espère que tu utiliseras cette ligne le moins possible, mais il est nécessaire que tu possèdes cette réserve.

PARTIE III

DETERMINE TA STRATEGIE D'INVESTISSEMENT

CHAPITRE QUINZE

La survie en Premier

Un homme d'affaires se tenait sur la jetée d'un hameau côtier lorsqu'un pêcheur mis à quai son petit navire. À l'intérieur de celui-ci se trouvaient plusieurs imposantes nageoires de thon jaune.

Le pêcheur, fatigué de son dur labeur, s'assit à proximité de l'homme d'affaires.

« Combien de temps as-tu pris pour pêcher tous ces poissons ? » Demanda l'homme d'affaires.

« Aujourd'hui j'ai été chanceux, ça ne m'a pris que quelques heures »

« Pourquoi n'es-tu pas resté plus longtemps pour attraper plus de poissons alors ? » demanda à nouveau l'homme d'affaires.

« Pourquoi est-ce que je devrais faire ça si j'en ai déjà assez pour subvenir aux besoins de ma famille aujourd'hui ? » Répondit le pêcheur.

« Si tu consacres un peu plus de temps chaque jour pour pêcher davantage, tu pourrais utiliser ton bénéfice supplémentaire pour acheter un bateau plus grand et ainsi attraper plus de poissons. Par la suite, tu pourrais même acheter plusieurs bateaux et éventuellement former une flotte de bateaux de pêche.

Plutôt que de vendre tes poissons à un intermédiaire, tu pourrais les vendre directement aux consommateurs et même finir par ouvrir ta propre usine de boîte de conserve. Tu contrôlerais ainsi le produit, la production et la distribution.

Ton entreprise grandirait jusqu'à atteindre un stade où tu pourrais la vendre pour un bon prix à quelqu'un d'autre. »

« Mais que se passerait-il ensuite ? Que ferais-je après avoir vendu mon entreprise ? »

« Ensuite – répondit l'homme d'affaires – tu pourrais prendre ta retraite, déménager dans un hameau de pêche sur le littoral et pêcher plusieurs heures par jour.

Voici une histoire bien connue qui nous démontre plusieurs éléments, en commençant par la valeur des choses simples dans nos vies. Les gens adoptent généralement le point de vue du simple pécheur, après tout, quel est l'intérêt de parcourir tout ce chemin pour finalement retourner au point où nous en étions ?

Mais l'homme d'affaires n'est pas stupide. Nous autres, les êtres humains, avons tendance à croire que la vie des autres est toujours plus facile que la nôtre. Lorsque l'on pense à la vie du pêcheur qui vit dans ce hameau, elle nous évoque naturellement la sérénité, la tranquillité d'esprit. Une vie qui serait finalement simple et reposante, sans embouteillage, sans violence, sans précipitation …

On pense rarement à toutes les adversités auxquelles les gens doivent faire face. Ces personnes ont aussi des problèmes, comme n'importe lequel d'entre nous. Est-ce qu'il pêche toujours suffisamment pour nourrir sa famille ? Même si c'est le cas, est-il certain qu'il arrivera à faire de même les jours qui suivront ? Est-ce qu'il est probable que ça lui cause de l'anxiété ? Certainement que oui !

Là où je veux en venir ici c'est qu'une activité peut être soit relaxante, soit angoissante en fonction du point de vue que l'on adopte. Les éléments de notre vie on le sens que nous souhaitons leur donner.

L'objectif numéro 1 de chaque être humain est la survie. Peu importe qui tu es et que tu en sois conscient ou non. Cela ne s'applique pas qu'aux humains, mais aussi à tous les êtres vivants. L'angoisse est une manière pour notre corps de répondre à un danger, un réflexe de survie. L'incertitude, la peur, le sentiment d'être faible et même le Monstre de la Panique de Tim Urban sont des éléments déclencheurs de l'anxiété ! Bien sûr, plus notre niveau de stress est bas dans notre vie, mieux elle se porte, mais comment faire ça ?

Pour le pécheur, la vérité est qu'il ne pêche pas pour s'amuser mais pour survivre. C'est une différence importante ! C'est son travail et il est aussi stressant qu'un autre.

Il gagne sa vie sans aucune garantie de réussir jusqu'au moment où il rentre chez lui avec les poissons qui nourriront sa famille. Le jour suivant, il répètera le même rituel. Qu'adviendra-t-il à cet homme si un jour les poissons ne se présenteront plus ? Qu'adviendra-t-il s'il est malade plusieurs jours et, de fait, incapable de travailler ? Qu'adviendra-t-il si son navire se casse ? Qu'adviendra-t-il de lui et sa famille lorsqu'il deviendra vieux ?

Toutes ces questions, nous nous les posons dans nos vies modernes. Pour autant, on aime penser que le pécheur n'a pas ces problèmes, pas vrai ? Pourtant, il les a.

La suggestion de l'homme d'affaires est de retirer à la pêche, son caractère essentiel à la survie. Lorsque tu es riche et que tu décides de prendre ta retraite, tes besoins sont satisfaits. Tu peux alors déménager dans un petit village et faire de la pêche non plus un travail mais un loisir. Le conseil de l'homme d'affaires n'est donc plus aussi stupide qu'il n'y paraissait au début.

Certaines personnes disent que le secret pour réussir est de faire ce que l'on aime. Cependant, ils oublient de dire qu'il est beaucoup plus simple d'aimer ce que l'on fait <u>lorsque tu réussis</u>.

Les bons résultats nous motivent, nous aimons tous faire des choses pour lesquelles nous sommes doués. Mais en plus de ça, une fois que tu as atteint un certain niveau de réussite, le fruit de ton travail n'est plus vraiment lié à ton besoin de survivre. Lorsque tu as atteint une réussite financière, la survie est garantie et la raison de ton travail n'est plus le même. Tu as atteint un nouveau stade.

Lorsque ta survie ne dépend plus de ton travail, tu peux pleinement profiter de ce dernier.

Nous sommes tous venue au monde sans avoir créé quoi que ce soit par nous-même. À notre plus jeune âge, nous sommes dépendants de quelqu'un d'autre pour survivre. Lorsque nous grandissons, il convient de prendre notre indépendance et si ce n'est pas le cas, ce sera une source de frustration. La dépendance à l'âge adulte mène à l'anxiété.

Le principal objectif dans notre vie est de garantir notre propre survie. C'est la première cause de stress dans nos vies. Le meilleur moyen d'y échapper est d'avoir une vie financière organisée. Les personnes qui ont acquis leur indépendance financière peuvent choisir où travailler. Ils peuvent faire ce qu'ils veulent. Ils peuvent se permettre cela pour la simple et unique raison qu'ils ont commencés par faire ce qui est nécessaire pour ensuite atteindre un stade où tu peux choisir ce que tu veux.

Il y a deux types de comportement nocifs pour lesquels je peux facilement prévoir ce qui se passera dans la vie des gens qui les adoptent. Le premier comportement est celui du jeune adulte trop gâté qui sort de l'université en étant convaincu qu'il ne fera que ce qu'il aime. C'est une situation qui mène généralement au désastre. Ce jeune garçon ou cette jeune fille va apprendre tôt ou tard qu'être indépendant fait partie des choses les plus importantes de la vie. Ils réaliseront aussi que tout ce qui peut sembler amusant vue de l'extérieur ne l'est pas forcément lorsqu'on le fait pour vivre. C'est exactement comme l'histoire du pécheur. Plus le temps passera, plus ils apercevront les gens autour d'eux réussir. C'est à ce moment-là que leur estime d'eux-mêmes commencera à diminuer. S'ils prennent trop de temps à identifier les mauvaises décisions qu'ils ont prises dans le passé, ils finiront par être témoin d'une situation étrange : Leurs amis, qui avaient choisi des activités ennuyantes, vont commencer à faire ce qu'ils veulent. Tandis qu'eux, qui avaient choisi de commencer leur vie en faisant ce qu'ils adorent, se retrouvent obligés de choisir un métier qu'ils n'aiment pas du tout pour obtenir leur indépendance.

Voilà ce que j'ai appris, si tu commences par faire ce qui est facile, ta vie sera compliquée. Mais à l'inverse, si tu débutes en faisant ce qui est compliqué en premier, ta vie deviendra plus simple par la suite.

Le problème c'est que la plupart des gens ont la certitude que leur carrière se déroulera sans accroc. Comme si leur métier allait définir ce qu'ils sont pour toujours. Mais personne n'est condamné à consacrer toute sa vie à une seule tache.

Livrer des pizzas, débarrasser des tables, faire la plonge, ... ne te définiront pas pour toujours. Au contraire, ce sont des activités prometteuses lorsque l'on est jeune. Je les ai toutes faites. Après ça, si tu as l'opportunité d'aller à l'université, tu peux choisir différentes sortes de travail, généralement celui qui te paye le mieux. Une fois que tu seras complètement affranchi de l'argent des autres, tu pourras commencer à épargner et à investir. Puis, après un certain temps, lorsque tu auras accumulé suffisamment d'épargne et d'expérience, tu pourras lancer ta propre entreprise. Lorsque les premiers signaux de réussites apparaîtront, tu pourras renoncer à ton travail.

Travaille dur et, au final, tu seras capable de faire tout ce que tu aimes faire.

C'est un projet qui semble raisonnable, non ?

Ça, c'est la réalité et honnêtement, c'est un système très juste et impartial. Personne ne vient au monde uniquement pour faire ce qu'il ~aimerait~ faire. Faire ce que tu aimes est un accomplissement, pas un droit.

La survie en premier !

Le second type de comportement que je ne comprends pas est celui de la personne qui passe toute sa vie à faire le même travail qu'elle n'aime pas encore et encore chaque jour. C'est le comportement inverse du premier que j'ai cité. C'est une personne qui n'a pas choisi de faire ce qu'elle voulait et qui a perdu l'espoir de trouver un chemin pour sortir de sa situation. Selon eux, ils seraient comme condamnés à exercer ce métier pour l'éternité à cause d'une sorte de sorcellerie. Mais le pire, c'est qu'ils essayent de convaincre tout le monde autour d'eux que c'est simplement de cette manière que la vie fonctionne.

Ennuyeux, ennuyeux, ennuyeux.

Je pense que la vie peut être différente. Elle ne sera jamais uniquement composée de plaisir ou de malheur. Tout au long de notre existence, nous sommes amenés à franchir des étapes pour améliorer notre vie. La planification sert justement à nous organiser pour atteindre nos objectifs et nos priorités.

Il est possible de considérer nos vies professionnelles comme différents cycles, imagine ça comme ça : Nous devrions tous commencer avec des jobs étudiants. Ensuite nous pouvons nous diriger vers des métiers plus techniques et qui requièrent des compétences pour apprendre et aider les autres personnes de l'entreprise. C'est ainsi que nous commençons à acquérir plus d'expérience et nous nous préparons financièrement à lancer notre propre affaire. Une fois que ton entreprise a gagné maturité et ne requiert plus ta présence, tu peux faire les activités que tu aimes. – pour s'amuser et avoir un sentiment d'accomplissement !

C'est un voyage qui nous permet d'accomplir ce en quoi nous croyons.

Ose faire ce que tu aimes mais soit réaliste.

Tu connais peut-être des gens qui ont arrêté l'Université ou qui ont parfois même démissionné du travail qu'ils n'aimaient pas avec l'excuse qu'ils « poursuivent leur rêve ». En réalité, ça peut effectivement être la meilleure chose que tu feras de ta vie, si tes rêves sont réalistes. Mais commence par faire un essai. Si les premiers retours sont positifs, tu peux franchir une nouvelle étape. Si les premiers résultats ne sont pas satisfaisants … c'est le signal pour faire machine arrière.

La plupart des gens prennent l'exemple de Steve Jobs, Bill Gates, Mark Zuckerberg et tant d'autres pour justifier le fait qu'ils quittent le poste qu'ils occupent actuellement. Ils rêvent qu'en quittant leur quotidien habituel, ils deviendront les prochains milliardaires.

Plus facile à dire qu'à faire. Il te suffira d'une petite recherche sur la vie de ces gars pour que tu te rendes compte qu'ils n'ont jamais quitté quoi que ce soit pour commencer à réfléchir à ce qu'ils voulaient faire par la suite.

S'ils ont démissionné, c'est parce que les projets secondaires qu'ils menaient avaient d'ores et déjà suffisamment réussi en parallèle dans leur activité principale. Ils n'ont pas réussi parce qu'ils ont quitté l'université et la route traditionnelle. Au contraire, ils ont décidé de partir parce qu'ils avaient déjà réussi. Si tu réfléchis à l'hypothèse de démissionner, tu ferais mieux de commencer par te demander si tu as vraiment trouvé ta voie.

Si c'est le cas, aucun problème. Vas-y mon ami.

Ma vision est très simple : trouve ce que tu aimes et fait tout ce qui est nécessaire pour y arriver. N'attends pas de la vie qu'elle arrange des choses pour toi. Bats-toi pour y arriver !

N'arrête pas de faire ce que tu fais actuellement tant que tu n'as pas un plan. Sinon tu risques de te trouver complètement perdu, seul et avec une faible estime de toi.

Souviens-toi, la vie c'est comme faire du vélo : pour garder l'équilibre tu dois toujours continuer d'avancer.

C'est vrai pour toutes les choses importantes de ta vie, de ta scolarité et de tes choix professionnels jusqu'à la construction de ta stratégie d'investissement.

Personne ne devrait commencer à investir sans avoir constitué au préalable une épargne de précaution ou sans détenir une épargne pour les dépenses à court terme. C'est un ordre.

La survie en premier !

CHAPITRE SEIZE
Les Investissements

Nous voici au dernier sujet mais qui n'est certainement pas le moindre. Nous allons à présent évoquer les investissements.

Beaucoup de gens, en réalité impatient de devenir riche, veulent commencer par la fin. L'une des questions que j'entends le plus est « dans quoi devrais-je investir ? ». Sans contexte particulier, cette question ne signifie absolument rien pour moi. Il n'existe pas de meilleur investissement. Pour autant, il existe plusieurs sortes de bons investissements en fonction de différentes caractéristiques.

La qualité de ton investissement dépend majoritairement de ta situation financière actuelle et de tes futurs objectifs. Il est inimaginable qu'une personne décide, par exemple, d'investir en bourse si elle est systématiquement à découvert en milieu de mois. C'est une contradiction.

À ce stade du livre, tu dois déjà avoir compris ça (je l'espère).

La première question à laquelle tu dois être capable de répondre est « où suis-je ? »

La seconde est « où est-ce que je veux aller ? »

Financièrement parlant, la réponse à la première question est liée à ton Contrôle. Tu dois avoir un contrôle total sur le montant de ton revenu et de tes dépenses, aussi bien récurrentes qu'apériodique.

Pour la seconde, la réponse est la Planification. Où veux-tu être dans le futur ?

La gestion des investissements est « la manière d'y arriver ». Ne faire qu'investir n'aura aucun sens si tu ne contrôles pas tes finances.

Avant de parler des meilleurs produits financiers et de ce qu'ils nécessitent individuellement, il me semble intéressant de revenir un instant au Babylone de George S. Clason.

Selon les livres d'Histoire, il n'a jamais existé une ville plus riche et pétillante que l'ancienne Babylone. Une ville qui ne jouissait pas d'importantes ressources naturelles. Une ville sans grandes forêts, sans mines, où même la pierre n'était pas utilisée pour les constructions. Cependant, elle était naturellement située au beau milieu d'une route commerciale. Sa richesse provenait intégralement de cette route. C'est un parfait exemple de la manière dont les hommes et les femmes, ayant de la volonté et des objectifs précis, peuvent utiliser n'importe quelle ressource pour accomplir ce qu'ils veulent.

Pour autant, cette richesse n'était pas accessible à toute la population. Quelques hommes possédaient bien plus que les autres. Il faut donc s'interroger : quelles sont les connaissances que ces hommes possédaient qui les différenciaient des autres ? La connaissance est sans aucun doute la plus grande source de richesse qu'un homme puisse avoir. Comprendre cela fut la première étape du protagoniste principal du livre de Clason, Arkad, pour devenir l'homme le plus riche de Babylone.

Dans cette histoire, la vie d'Arkad change grâce à sa faim de comprendre la provenance de la richesse et les actions que les riches font pour devenir riche. Dans un dialogue, Arkad, toujours pauvre, demande à un homme riche des conseils. L'homme lui répondit que le secret est de se payer en premier. Ce fut le conseil le plus important et le plus simple donné à Arkad dans un extrait qui est devenu l'un des plus grands classiques de la littérature financière.

Voici la réponse de l'homme riche, dans son intégralité car ça en vaut la peine.

- « J'ai trouvé le chemin de la richesse quand j'ai décidé qu'une partie de tout ce que je gagnais devait m'appartenir. Il en sera ainsi pour toi.

- C'est tout ? Demanda Arkad

- Ce fut suffisant pour changer un berger en un prêteur d'argent. Répondit l'homme riche

- Mais tout ce que je gagne, je peux le garder, n'est-ce pas ? Rétorqua Arkad

- Loin de là, répondit l'homme riche. Ne payes-tu pas le couturier ? ne payes-tu pas le sandalier ? Ne payes-tu pas pour ce que tu manges ? Peux-tu vivre dans la ville de Babylone sans dépenser ? Que te reste-t-il de ce que tu as gagné au cours du mois passé ? Et de l'année passée ? Idiot, tu payes tout le monde excepté toi. Nigaud, tu travailles pour les autres. Aussi bien être un esclave et travailler pour ton maitre qui te donne ce qu'il te faut pour manger et te vêtir. Si tu gardais 10% de ce que tu gagnes, combien aurais-tu dans 10 ans ?

- Autant que ce que je gagne pendant une année ? Répondit Arkad

Tu dis une demi-vérité. Chaque pièce d'or que tu épargnes est un esclave qui travaille pour toi. Chaque petite pièce de monnaie qu'elle rapporte en engendre d'autres qui travaillent aussi pour toi. Si tu devenais riche, tes épargnes devraient faire des petits, et ces petits te rapporter. Tout cela ensemble te t'aiderait à acquérir l'abondance dont tu es avide. Une partie de tout ce que tu gagnes est à toi et tu peux la garder. Ça ne doit pas être moins de 10%, quel que soit le montant que tu gagnes. Cela pourra être beaucoup plus quand tu pourras te le permettre. Paye-toi d'abord. N'achète pas plus du couturier ou du sandalier que ce que tu peux payer avec ce qu'il te reste de manière à en avoir assez pour la nourriture, la charité et la redevance aux dieux. La richesse, comme l'arbre, pousse à partir d'une graine. La première pièce de monnaie que tu *épargnes est la graine qui fera pousser l'arbre de ta richesse. Plus vite tu sèmeras la graine, plus vite l'arbre poussera. Le plus fidèlement tu nourriras et arroseras cet arbre avec des épargnes raisonnables, le plus vite tu te rafraichiras, satisfait de son ombre.*

(L'Homme le plus riche de Babylone, George Clason)

N'oublie pas ça : la richesse est comme un arbre, elle grandit à partir d'une minuscule graine. Abreuve là constamment avec plus d'épargne et elle prospèrera.

C'est très intéressant, mais maintenant tu pourrais penser « que se passe-t-il s'il ne me reste plus rien à la fin du mois pour investir ? »

Attends une minute …il ne te reste plus rien ???

Qu'est-ce que tu entends par « il ne rester plus rien » ? L'argent est une ressource limitée pour chacun d'entre-nous mon ami. Certaines personnes décident ce qu'elles vont en faire et prennent la responsabilité de le gérer. L'argent n'est pas conservé par magie. C'est ta responsabilité de l'économiser.

Pour autant, tes factures mensuelles consomment tout ce que tu gagnes ? Engage-toi à les réduire.

Tu ne peux pas te permettre de payer ton loyer ? Déménage ailleurs. Tu ne veux pas ? Allez, je sais que ce n'est pas facile, mais personne n'a dit que ça le serait.

Il n'existe pas de « reste » lorsque l'on parle d'argent. C'est une idée réservée à ceux qui préfèrent gérer leur vie de manière passive. « Ce n'est pas ma faute, les prix sont trop hauts » ou « mon salaire est trop bas » pourraient éventuellement rassurer momentanément quelques esprits. Cependant, ces exclamations ne résolvent pas le problème.

Lorsque tu planifieras, tout dépendra de toi. Tu seras l'unique responsable de ta vie financière. Tu décideras de la somme que tu souhaites investir, de celle que tu comptes épargner et du mode de vie de tu souhaites avoir.

Notre vie n'est pas simplement le résultat de la chance, elle est le résultat des efforts que nous avons faits à travers le temps. Cela implique de la discipline, de la patience et de la détermination.

Si tu n'as pas d'argent pour investir, cherches-en. Une personne qui gagne 1 500€/mois dira qu'il est impossible d'épargner. Une personne qui gagne 3 000€ dira la même chose.

Pourtant, que fait l'homme qui gagne 1 500€ pour vivre avec ce montant que celui qui gagne 3 000€ n'est pas en mesure de faire?

Nombreux sont ceux qui pensent qu'il est impossible de vivre avec moins d'argent qu'ils n'en gagnent, malgré qu'ils aient tous un revenu différent.

C'est toujours possible !! Tu dois juste trouver un moyen.

Il est toujours possible d'épargner et d'investir si tu es déterminé. Il existe au moins trois bonnes raisons pour investir :

1) Te constituer une Epargne de Précaution, en cas d'urgence, mais surtout pour subvenir à un arrêt partiel ou total de revenus.

2) Former ton propre Fonds de Retraite, afin de maintenir ton niveau de vie lorsque tu ne seras plus capable (ou plus désireux) de travailler.

3) Améliorer ton niveau de vie en générant des revenus additionnels, autre que ceux de ton travail. Des revenus complémentaires provenant de tes investissements.

Chacune de ces raisons ont des caractéristiques qui leurs sont propres. Les deux premières sont focalisées sur la sécurité tandis que la troisième se concentre sur le rendement.

Par conséquent, la réponse à la question « Dans quoi devrais-je investir ? » ne peut être que « Ça dépend ».

De plus, j'évoquerais un quatrième type d'investissement qui est l'investissement immobilier. Il pourrait correspondre à une des raisons décrites plus haut. Cependant, du fait de sa particularité et de sa popularité, j'en parlerais séparément.

1ère Raison d'investir : L'Épargne de Précaution

On peut imaginer les choses ainsi : ton salaire est le rendement du temps que tu consacres à produire pour l'entreprise dans laquelle tu travailles. Si un jour ils n'ont plus besoin de tes services, pour n'importe quelles raisons, ils te vireront.

Oui, c'est aussi simple que ça, tout comme tu le ferais si tu trouvais une opportunité plus intéressante pour des raisons financières, de carrière ou de qualité de vie.

Si tu es un entrepreneur, c'est la même chose pour tes clients.

Les règles du jeu sont transparentes et connues à l'avance par tous les joueurs. Tu dois être préparé pour ce jeu et accepter ses règles.

Donc, si un jour tu te fais virer, il est inutile de dramatiser, de te sentir désespéré, de trouver cela injuste, de te victimiser, etc.

Rien de cela.

C'est normal de se sentir mal pendant un temps, c'est même légitime. Cependant, il n'est absolument pas rationel de ne pas s'y préparer. Tu as besoin d'une Épargne de Précaution dans l'éventualité où cette situation devait se produire. Il est aussi toujours appréciable d'avoir un plan B.

Si une lettre de licenciement arrive dans ta boîte aux lettres, qu'est-ce que tu feras de ta vie ? Trouver un autre travail ? Changer de métier ? Profiter de l'occasion pour suivre une formation dans une autre langue à l'étranger ? Ou finalement choisir de créer l'entreprise que tu avais en tête ?

Une fois que tu as organisé ton quotidien, il est important que tu consacres un temps à la création d'une protection contre les éventuelles instabilités à venir comme celles-ci. Nous savons tous que la vie est faite de haut et de bas. Il convient donc de prendre nos responsabilités et de nous préparer pendant les périodes calmes pour résister aux périodes difficiles qui peuvent toujours surgir. Le bon moment pour réparer un toit cassé est lorsque le soleil brille. Lorsque la pluie arrive, il est trop tard.

C'est pour cette raison que nous devons tous nous constituer une Épargne de Précaution pour contrer les périodes de turbulence. Le montant de cette épargne devrait te permettre de subvenir à toutes tes dépenses mensuelles pendant 3 à 12 mois.

Si tu penses avoir une source de revenu plutôt stable parce que tu es retraité, fonctionnaire ou bien si tu es en CDI et que tu penses que le risque de te faire virer est faible, je te recommanderais d'avoir un montant équivalent à au moins 3 mois de tes dépenses mensuelles.

Si tu es un salarié du secteur privé en CDI mais que tu es inquiet pour ta lace dans l'entreprise (fusion, remplaçabilité, santé financière de la boîte elle-même, etc.) ou si tu as un CDD ou que tu travailles en intérim, alors je te recommanderais plutôt d'avoir un montant équivalent à au moins 6 mois de dépenses mensuelles comme réserve. C'est une période que je considère comme raisonnable pour retourner sur le marché du travail au cas où il t'arriverait quoi que ce soit.

Si tu es un entrepreneur, un travailleur indépendant, un commercial et que la majeure partie de ton revenu provient d'une commission, ou si tu en CDD/intérim dans une profession où il peut être difficile de retrouver un travail ou tout simplement si tes revenus ont tendance à être instable, je te recommanderais d'avoir une épargne qui équivaudrait à 9 voire 12 mois de dépenses en fonction du risque de ta source de revenus.

De combien de temps dispose-je pour me constituer cette épargne ?

Se constituer une épargne de précaution est au sommet des priorités dans la hiérarchie du monde de l'investissement. C'est une évidence car une urgence pourrait tous nous frapper demain. De plus, si cette réserve n'est jamais utilisée – et c'est ce que nous espérons tous - elle pourra toujours te servir à améliorer ton niveau de vie pendant ta retraite.

L'inverse n'est pas si évident, tu sais. Il est bien plus difficile d'utiliser un actif risqué dans un but sécuritaire. Parfois, et nous en parlerons plus tard, il est même pratiquement impossible de la faire à cause du manque de liquidités.

C'est pourquoi je te suggère, si tu as besoin de te constituer une épargne de précaution, de consacrer 100% de ton investissement à ce seul et unique objectif jusqu'à ce que tu atteignes au minimum 1/3 du montant final dont tu as besoin.

Si ton objectif est de te constituer, par exemple, le montant de 6 mois d'épargne, alors consacre-toi à cet objectif jusqu'à ce que tu possèdes l'équivalent d'au moins 2 mois.

Une fois que tu as atteint le tiers de ton objectif final, tu dois continuer d'épargner pour atteindre intégralement le montant que tu avais défini. Cependant, tu pourras dorénavant t'y consacrer plus lentement. Tu n'auras plus besoin de dédier 100% de tes investissements à ton épargne de précaution. En parallèle, tu pourras commencer à investir pour ta retraite.

C'est à toi de décider du temps que tu prendras pour atteindre ton objectif final. Honnêtement, je te conseille de la faire aussi vite que tu puisses le faire. Mais sois vigilant, ne t'engage pas non plus sur une route que tu ne pourras pas suivre. Fixe-toi une échéance raisonnable. Je te suggère de ne pas consacrer plus d'une année pour atteindre le premier tiers et de ne pas dépasser quatre ans pour compléter le tout.

Une fois que tu auras atteint ton montant définitif– et tant que tes dépenses mensuelles demeureront inchangées – tu pourras arrêter d'économiser pour cet objectif.

N'oublie pas qu'à chaque fois que ton niveau de vie augmentera, tu devras augmenter proportionnellement ton épargne de précaution afin de toujours garder de ta vie financière équilibrée.

Donc, si une personne salariée augmente le montant de ses dépenses mensuelles moyennes de 100€, elle devra par la même occasion augmenter son épargne de 600€. Cette opération lui permettra de maintenir son Épargne de Précaution à un équivalent de 6 mois de dépenses.

2nd Raison d'Investir : Le Fonds de Retraite

Arrivé ici, tu dois avoir compris à quel point il peut être risqué de ne compter que sur les pensions de l'État pour sa retraite. Les lois changent en permanence et les Gouvernements du monde entier ont des difficultés à résoudre cette situation. Ce sera certainement un défi majeur pour les prochaines générations.

D'un autre côté, le rôle du gouvernement n'a jamais été de t'offrir de magnifiques croisières autours du monde pour tes vieux jours. Le but était uniquement d'éviter un désastre et de te garantir un revenu minimum afin de t'aider à survivre lorsque tu ne seras plus capable de produire.

Le reste est, a toujours été, et sera de plus en plus en fonction de toi. C'est pourquoi il est essentiel de commencer à se constituer un fonds de retraite le plus tôt possible. Un compte te permettant de compléter les pensions de retraite qui sont de plus en plus incertaines et de sécuriser le maintien de ton niveau de vie dans le temps.

Plus vite tu commenceras à investir, moins tu devras faire d'efforts pour l'alimenter. Ce mécanisme est le résultat des intérêts composés.

Pour ceux qui ne s'en souviennent pas, les intérêts composés sont des intérêts qui génèrent eux-mêmes des intérêts au fur et à mesure que le temps passe. Par exemple, un taux d'intérêt d'1% par mois ne te donnera pas 12% à la fin de l'année, mais plutôt un intérêt situé aux alentours de 12,7%. Car, si tu investis 100€, à la fin du premier mois tu auras 101€. Le second mois, plutôt que d'avoir un intérêt sur les 100€ que tu avais initialement placé, les intérêts se formeront sur les 101€. C'est pourquoi, plutôt que d'obtenir 102€, tu auras 102,01€.

D'accord, je sais que dit comme ça, ça ne semble pas très séduisant. Mais tu peux faire bon usage des valeurs transmises par nos petits amis qui avaient attendu pour manger leurs marshmallows. Au final, si tu es patient, l'effet des intérêts composés sera très généreux au long terme.

Juste pour te donner un ordre d'idée, voici ce que l'on obtiendrait en reprenant l'exemple des 1% d'intérêts mensuels. Sur 20 ans, plutôt que d'avoir un rendement de 240% (20 ans x 12 mois x 1%), les intérêts produiront un rendement de 989%.

Comprendre le pouvoir des intérêts composés change tout. C'est ce que fait un investisseur ! Albert Einstein avait défini les intérêts composés comme la 8ème merveille du monde. Celui qui comprend le mécanisme des intérêts composés les gagnes. Celui qui ne le comprend pas le paie.

Je suis toujours étonné de voir des gens se plaindre des taux d'intérêt imposés par les banques. Bien sûr, les intérêts sont mauvais lorsqu'ils sont contre toi, mais c'est une superbe opportunité pour ceux qui épargnent.

C'est à toi de choisir.

Comme le disait un proverbe chinois (cette fois-ci c'est véritablement un proverbe chinois, je le jure) : lorsque le vent souffle, certains construisent des murs, d'autres des moulins à vent.

Ce débat sur les intérêts composés est essentiel. Il pourrait convenir à différents passages de ce livre. Mais dans ce chapitre en particulier, il est tout simplement fondamental. Se constituer un fonds de retraite prend du temps et le temps est le carburant essentiel pour activer et alimenter le pouvoir des intérêts composés.

Il est aussi important de garder à l'esprit que le taux d'intérêt qui nous intéresse ici est le taux d'intérêt réel (le taux d'intérêt réel est un taux d'intérêt nominal qui tient compte de l'inflation. Pour le calculer on déduit le taux d'inflation du taux nominal).

Tu sais que dans 20 ans, 100€ ne te permettront plus d'acheter ce que tu peux acheter aujourd'hui. En planifiant ta retraite, tu devrais prendre ça en compte. Pour cela, tu peux simplement utiliser une prévision de véritables intérêts où l'inflation est déjà déduite.

« Mais Riko, comment est-ce que je peux deviner l'inflation qu'il y aura demain ? »

Eh bien, il en est de même pour les futurs taux d'intérêt. On ne peut tout simplement pas les prévoir. Pour autant, tu peux utiliser la situation actuelle en tant que postulat de départ et la mettre à jour au fur et à mesure des années. Rappelles toi que personne n'a de boule de cristal. Pour autant, utiliser les informations dont tu disposes, peu importe la manière, est toujours mieux que de les utiliser comme des excuses.

Combien devrais-je investir par mois ?

C'est un calcul plus complexe. En plus des futurs taux d'intérêt et des prévisions d'inflation à venir, il faudrait prendre en considération l'âge auquel tu souhaites prendre ta retraite, la pension de retraite moyenne, l'espérance de vie et une estimation des allocations de l'Etat.

En France, les pensions de retraite fournie par l'Etat sont en moyenne 20% inférieures au dernier salaire que tu percevras avant de prendre ta retraite. Tu peux estimer ton revenu ici

https://www.la-retraite-en-clair.fr/depart-retraite-age-montant/calculer-retraite/calculer-ma-retraite

Etant donné qu'il est impossible d'évoquer chaque situation, voici quelques exemples. Peut-être que l'un d'entre eux se rapprocha de ta situation personnelle. Imagine un homme de 25 ans qui a des dépenses mensuelles avoisinant les 4 000€. Admettons qu'il veuille prendre sa retraite à 70 ans et qu'il espère vivre jusqu'à 92 ans. Imaginons à présent qu'il recevrait environ 2 000€ de la part de l'Etat et que le véritable taux d'intérêt (déduit de l'inflation) soit de 4% par an, il devrait donc épargner environ 240€ par mois pour maintenir ses dépenses à 4 000€ par mois lors de sa retraite.

En reprenant les mêmes critères qu'au-dessus mais adapté à pour une personne de 35 ans, le cout mensuel à consacrer à sa retraite serait de 390€. A 45 ans, ce coût se rapprocherait des 700€. Enfin, à 55ans, il grimperait jusqu'à 1 450€ par mois.

Pour chacune de ces situations, on considère que ces personnes n'avaient pas d'épargne et qu'elles n'avaient jamais investie pour leur retraite. Les exemples ci-dessus peuvent te servir de référence, mais l'idée principale à retenir ici c'est que plus tu tardes à investir, plus les efforts que tu devras faire pour y arriver seront conséquents.

Si tu souhaites avoir un résultat plus personnalisé, tu pourrais faire appel aux services d'un Planificateur Financier Certifié.

Si tes dépenses mensuelles augmentent, tu auras plus de difficultés à les maintenir une fois à la retraite. Cela nécessitera plus d'efforts de ta part. Idem si tu n'as pas l'intérêt que tu avais planifié. Si l'espérance de vie augmente, c'est la même chose, tout compte. Cependant, la complexité de ces calculs ne doit pas t'empêcher de te préparer pour l'un des couts les plus importants que tu auras à payer : le montant que tu dois à « ton toi du futur ».

Et l'horloge tourne. Chaque seconde qui passe sans investir rend l'objectif de plus en plus compliqué.

De combien de temps dispose-je pour me constituer ce fonds ?

Tu as toute ta vie de travail pour t'y préparer, bien que rien ne t'empêche d'épargner tout d'un coup si la chance se présente à toi.

3ème Raison d'Investir : Les Investissements pour augmenter ton niveau de vie

L'Épargne de Précaution et le Plan de Retraite se concentrent sur la sécurité. Les deux servent à maintenir ton niveau de vie actuel, l'un dans l'éventualité d'un arrêt imprévu de ta source de revenus, l'autre pour ta retraite.

Mais pour ce qui est d'augmenter ton niveau de vie, l'objectif est complètement différent. Il est ici question d'oser agir et de prendre des risques mais de manière raisonnable. Le but est de se constituer des actifs financiers capables de générer des revenus supplémentaires. Par conséquent, ces actifs te permettront d'augmenter ton niveau de vie. Le risque est une clé variable dans cette équation. Tous les actifs sont acceptables tant qu'ils ont de solides perspectives de rendement.

De combien de temps dispose-je pour me constituer ça ?

Toute ta vie. La première étape est d'établir une bonne stratégie. Selon moi, si tu commences à partir de rien, il faut que tu prévoies 5 ans avant que de commencer à recevoir des revenus supplémentaires.

Plus tard, lorsque tu commenceras à apprécier ce que tu as construit, je te conseille de n'utiliser qu'une partie de ces revenus pour améliorer ton niveau de vie. Laisse l'autre partie continuer de grandir.

Une fois que ton épargne de précaution est constituée, ou en tout cas qu'elle est sur la bonne voie pour y arriver, concentre-toi là-dessus, sur ton enrichissement. C'est ce que le « paye-toi d'abord » signifiait. C'est la partie amusante et la partie finale de la Planification. C'est comme la pointe de l'iceberg. Tu ne peux pas l'atteindre sans être passé au préalable par toutes les étapes essentielles de la planification, du contrôle et de l'investissement sécurisé. Ces étapes ne peuvent pas être mises de côté.

Combien devrais-je investir chaque mois ?

L'histoire des 10% du livre de Clason semble être devenue une loi. Le livre remonte aux années 1920 et a depuis été répété comme un mantra. C'est une bonne affaire. Après tout, réfléchis un instant à ça : à chaque fois que tu gagnes 10 pièces, tu en dépenses 9 et tu en gardes 1, ça ne paraît pas si compliqué, pas vrai ? Donc, 10% est un objectif simple et facile à atteindre, mais 10% ce n'est que le minimum.

C'est un peu subjectif dans la mesure où ce pourcentage dépend de beaucoup de facteurs.

Pour imager simplement, la question « combien devrions-nous investir » avait été posé à un ancien joueur de foot brésilien nommé Deco, lors d'une interview télévisée.

La réponse de Deco était : nous devrions épargner 70% de ce que l'on gagne.

Les présentateurs, bien sûr, étaient étonnés. Cependant, pour un athlète comme lui, épargner 70% de ses revenus semblait être assez raisonnable et même admirable. Malgré leurs salaires stratosphériques, les carrières des athlètes se terminent tôt. Alors que pour la plupart des métiers, nous pouvons espérer travailler pendant une quarantaine d'année, un joueur de foot, lui, reçoit généralement de bons salaires pendant une quinzaine d'années maximum. S'il s'habitue à un très haut niveau de vie pendant sa vie active, il sera très difficile pour lui de le maintenir lorsqu'il ne jouera plus. D'ailleurs, c'est exactement ce qui se passe pour beaucoup d'entre eux.

Il n'existe pas de montant magique à investir qui fonctionnerait bien et de la même manière pour tout le monde. Tout dépend de ton âge, de ta situation professionnelle et de ton ambition. C'est à toi de décider ça et des directions que prendra ta vie. Par ailleurs, décider est l'un des éléments les plus cool de la Planification Financière.

C'est la définition même de la stratégie.

Il est impossible de proposer une solution qui pourrait convenir à tout le monde. Par exemple, selon moi, une répartition 50-25-25 me paraît intéressante. 50% de ton revenu est consacré aux dépenses récurrentes, 25% pour tes épargnes à court et moyen terme et 25% pour tes investissements à long terme. Je trouve que cette répartition est équilibrée car elle est équitablement répartie entre le présent et le futur ainsi qu'entre les dépenses à court et moyen terme et les dépenses à long terme.

Si tu souhaites investir un plus grand pourcentage, mais que pour l'instant tu ne peux pas aller au-delà des 10%, je te suggère d'augmenter peu à peu le montant dédié à tes investissements.

Ton objectif pourrait être d'augmenter le pourcentage que tu consacres à tes investissements à chaque fois que tes revenus grossissent.

Par exemple : Si tu gagnes habituellement 2 000€ par mois, et que tu ne peux utiliser que 200€ (10% de tes revenus) pour investir, d'accord. Mais à partir de maintenant, toutes tes entrées d'argent qui vont au-delà de tes 2 000€ de revenus seront réparties de la manière suivante : 50% iront dans les dépenses à court et moyen terme et 50% seront investis. Les coûts fixes restent inchangés.

C'est faisable.

C'est comme si le pourcentage de tes revenus dédiés aux investissements fonctionnait comme les taux d'imposition sur les revenus. Mais plutôt que de payer le gouvernement, tu te paies toi-même.

N'oublie pas qu'au sein des « Investissements », les trois sous-catégories doivent être prises en compte : l'Épargne de Précaution, le Fonds de Retraite et l'Amélioration du Niveau de Vie. Les deux premiers ont pratiquement des valeurs fixes, calculés de manière pratique et directe. Le troisième est un pourcentage plus subjectif.

Donc, si tu décides d'investir 20% de ce que tu gagnes, voici ce que je te conseille de faire : pour calculer la somme que tu dois investir pour augmenter ton niveau de vie, tu dois multiplier tes revenus nets par 20% et soustraire à ce montant la part consacrée à ton Épargne de Précaution et à ton Fonds de Retraite.

Investissement total = Épargne de Précaution + Fonds de Retraite + Investissements pour générer des revenus additionnels

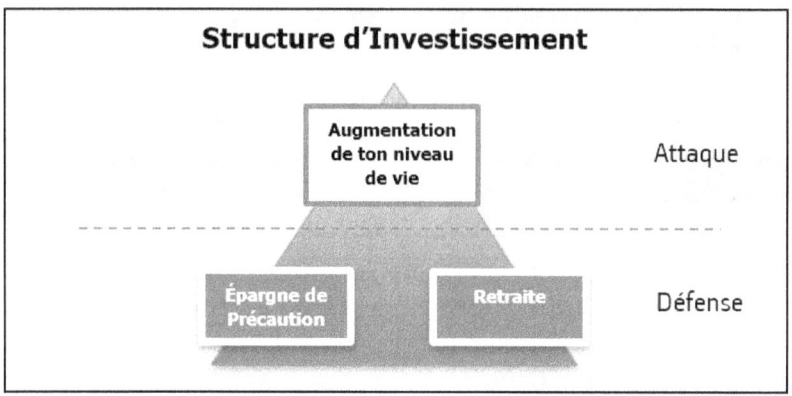

Maintenant tu dois être en train de te dire, « Mais comment est-ce que je trouve assez d'argent pour payer mes dépenses mensuelles, épargner pour mes dépenses non récurrentes, me constituer une Épargne de Précaution et un Fonds de Retraite et investir pour augmenter mes revenus ? »

Mec, arrête de te torturer avec ça.

Je sais que pour ceux qui n'y sont pas préparés, commencer à penser à tout ça d'un seul coup peut être effrayant. C'est compréhensible et c'est un passage obligé dans la vie de chacun.

C'est une épreuve quotidienne, les grands changements ne se font pas d'un seul coup, ils se réalisent petit à petit chaque jour. C'est un véritable défi, je sais, mais c'est tout à fait réalisable. Beaucoup de gens gèrent leurs dépenses en ayant recours à des dettes. Cette pratique ne fait qu'amplifier les efforts qu'ils auront à faire. Réfléchis à ça un instant ! Si tu te prépares correctement, les intérêts et tes revenus joueront en ta faveur. Economise ton temps, ton argent et ton énergie en te préparant correctement. Bien que cela puisse être difficile dans un premier temps, tout deviendra bien plus simple par la suite.

Même si tu n'es pas parfaitement préparé à répondre à tous ces besoins dès aujourd'hui, connaitre chacun d'entre eux est une étape importante. Comme je te l'ai dit plus tôt, dès lors que tu recevras un quelconque revenu supplémentaire, tu sauras exactement où le placer car tu auras connaissance de tous tes besoins et de tous tes objectifs.

C'est incroyable comme les gens qui ne connaissent pas leurs besoins dépensent de manière irrationnelle. Ils organisent des fêtes comme Neymar car ils se sentent riche dès qu'ils gagnent un peu plus que d'habitude.

Mais devine quoi, au final ils reviennent toujours au même point de départ !

Cette route n'est pas facile. C'est pourquoi tu dois y aller progressivement. La lumière au bout du tunnel commencera rapidement à briller et, avant que tu ne le réalises, tu auras déjà beaucoup avancé.

Commence à épargner pour tous tes objectifs et tous tes besoins, même si ce n'est qu'avec une valeur symbolique. Je crois vraiment aux valeurs symboliques. Si aujourd'hui tu ne peux épargner que 5€, fait le quand même ! Vois ça comme une première étape. Lorsque l'on débute, prendre l'habitude d'épargner est plus important que le montant que l'on épargne.

On pense toujours que l'on gagne peu. Les gens aiment imaginer ce qu'ils feraient s'ils gagnaient au loto. Ils disent tous qu'ils investiraient et vivraient uniquement des intérêts qu'ils gagneraient. Mais pourquoi ne le font-ils pas dès à présent avec les revenus qu'ils ont ?

Je dis toujours ça, celui qui ne sait pas comment vivre avec peu ne saura pas vivre avec beaucoup. S'améliorer devrait être un exercice quotidien. D'un regard extérieur, certains peuvent penser que les riches ont tout simplement de la chance. Mais leur richesse est le résultat de leur ténacité, de leur patience, de leur discipline et de leur volonté permanente de surmonter les épreuves.

Est-ce que tu savais que 80% des gagnants du loto perdent tout ce qu'ils ont gagné en 5 ans et retrouvent alors le même niveau de vie qu'ils avaient auparavant ? C'est incroyable !

D'autres perdent tout sur une période plus étalée. Cela démontre juste à quel point il est important que tu comprennes la valeur du vécu. Tu ne seras pas riche tant que tu n'auras pas véritablement compris ce qu'être riche signifie.

Ça prend du temps de construire une chose de solide. Mais une fois construite, ce sera une vraie forteresse, magnifique et imposante, mais aussi, bien protégée.

CHAPITRE DIX-SEPT
Les Produits Financiers

Cette semaine, une banque d'investissement a envoyé un mail à ma femme en lui disant qu'elle avait un profil équilibré.

Eh bien, en vérité, ma femme est très émotive, impulsive, autoritaire, euphorique, bavarde ... elle peut être n'importe quoi dans la vie. Cependant, s'il y a bien une chose qu'elle n'est pas, c'est équilibrée.

Plus sérieusement, les banques d'investissement sont tenues d'envoyer ce type de questionnaire à leurs clients pour définir ce qu'ils appellent « le profil d'investisseur ». Il est censé déterminer le niveau de risque que tu es prêt à prendre en échange de rendements plus élevés afin que la banque puisse te proposer des produits qui correspondent au mieux à ton profil.

Les résultats de ce questionnaire peuvent être : prudent, équilibré ou dynamique.

J'émets de sérieuses réserves concernant la définition de ce qu'est le profil d'investisseur.

Pour commencer, je ne vois le monde de façon binaire : noir ou blanc.

Je ne suis pas forcément quelqu'un de prudent, mais je peux l'être pour un certain nombre de situations comme la constitution d'une épargne de précaution, un endettement soudain ou la perte de mon emploi. Ces éléments peuvent m'empêcher d'être plus agressif en matière d'investissement. Mais c'est une situation temporaire.

Après avoir répondu à mes obligations et remis en place le contrôle de mes finances, je peux adopter une attitude plus dynamique. C'est à ce moment que l'on peut continuer à lire des livres d'investissement ; nos connaissances sur la finance peuvent augmenter et notre confiance en nous augmentera parallèlement.

Bien entendu, notre capacité à prendre des risques a un lien avec un certain type de profil, je l'admets. Pour autant, l'aspect principal est, sans aucun doute, <u>là où tu en es</u> dans ta vie financière.

Quelqu'un qui commence un nouveau travail, qui est criblé de dette, avec beaucoup de personnes à sa charge et qui dépendent de lui, qui ne possède pas d'épargne de précaution ou d'une quelconque réserve comme je les ai évoquées jusqu'ici, quel que soit son profil, personne ne lui conseillera de prendre des risques. Tu seras sans doute d'accord. Ce serait illogique et inopportun.

Au contraire, s'il s'agit d'un jeune homme confiant concernant la pérennité de son travail et qui a une bonne visibilité sur sa situation financière, là, il peut complètement être prêt à prendre des risques.

Je dois l'avouer, cet univers du risque est incroyable ! C'est une chose vraiment à part et totalement différente.

Cependant, cette appétence pour le risque n'est pas une « bénédiction » ou un « karma » innés pour chacun de nous. Comme toutes les autres caractéristiques, celle-ci est un accomplissement. C'est comme avoir passé tous les niveaux d'un jeu vidéo et arriver à la confrontation finale contre le « big boss ».

Au cours de leur vie, tous les investisseurs passent par différentes périodes qui sont propres à leur histoire. Ce qui nous intéresse ici, c'est justement la période de ta vie financière où tu te situes actuellement.

Très souvent, les gens me demandent : « quel est le meilleur investissement ? ». Je regrette toujours de devoir les décevoir car la réponse est loin d'être agréable. Le meilleur investissement dépend des raisons pour lesquelles tu mets cette somme d'argent de côté.

Comme nous le verrons par la suite, investir sur le marché boursier est idéal pour des objectifs à long terme. Pour autant, à court terme, c'est une très mauvaise idée. La principale raison pour laquelle certaines personnes renoncent à investir est qu'ils ne connaissent pas cette règle. Par conséquent, ils imaginent que le produit financier auquel ils ont adhéré est mauvais car il ne correspond pas à leurs attentes. En réalité, le problème est plus probablement lié au fait que ce produit n'a pas été choisi en fonction de leur objectif.

Tu dois commencer par identifier tes besoins, puis placer le bon montant dans la bonne case. C'est comme un jeu.

Jusqu'à présent, nous avons parlé des 4 principaux groupes d'épargne.

Pour résumer, nous avons vu :

1. L'Épargne pour les dépenses à court et moyen terme
2. L'Épargne de Précaution
3. Le Fonds de Retraite
4. La Création d'un Patrimoine capable de créer des revenus supplémentaires

Pour chacun de ces groupes, on doit investir dans des produits différents.

Types d'investissement

Normalement on divise les produits financiers en deux grandes catégories : les produits aux Revenus Fixes et les produits aux Revenus Variables.

La première catégorie comprend les placements pour lesquels tu connais précisément le montant final que tu récupéreras au fur et à mesure que tu places ton argent. Il s'agit principalement de prêts à l'Etat comme le Livret A, les obligations, etc. En général, la rémunération de ces types d'investissements se fait sous forme d'intérêts.

La seconde catégorie est composée de placements avec des revenus variables. Par conséquent, comme leur nom l'indique, ces placements ne peuvent pas tenir la même promesse que ceux de la première catégorie. Les actions sont considérées comme un produit à revenu variable car, si tu en achètes, tu seras rémunéré via une partie des éventuels bénéfices de la société sous forme de dividendes.

Cette seconde catégorie est plus risquée dans la mesure où les revenus fluctuent avec le temps et qu'il n'y a pas de garantie sur les résultats. Cependant ces produits ont également des rendements attendus plus élevés - s'ils sont utilisés correctement – qui peuvent compenser ce risque supplémentaire.

Pour placer correctement ton épargne dans les bonnes cases, tu devras prendre en compte 3 caractéristiques pour chaque placement : la liquidité, le risque et le rendement attendu.

Car, même si ton objectif est de maximiser tes rendements, il ne faudra pas que cela nuise à ton fonds de retraite ou à ton épargne de précaution. Imagine qu'il y ait une grande crise économique comme celle de 1929, de 2008 ou plus récemment comme celle de 2020 liée au Covid-19 et qu'à cause de cette récession économique, tu perdes ton emploi mais également une grande partie de tes investissements car ils étaient tous placés en bourse.

Oh-la-la !

La liquidité est également un aspect très important. Pour ceux qui ne s'en souviennent pas, la liquidité est le degré pour lequel un actif peut être converti rapidement en *cash*, sans perdre la majeure partie de sa valeur.

Certains investissements ne sont disponibles qu'après une certaine échéance. D'autres sont toujours disponibles mais leur vente peut causer une perte de valeur importante. Ceux-là sont considérés comme des investissements à faible liquidité.

Pour des raisons évidentes, l'argent liquide est considéré comme l'actif le plus liquide, tandis que l'immobilier et les œuvres d'art sont relativement peu liquides. D'autres actifs financiers, comme les actions et les obligations, se répartissent à travers le spectre de la liquidité.

Généralement, plus la liquidité est élevée, plus le rendement attendu est faible, mais on a toujours besoin de liquidités pour répondre à nos besoins à court terme.

Ainsi, en prenant correctement en compte ses trois caractéristiques pour choisir des produits d'investissements, nous sommes en mesure de mieux répartir notre épargne et de constituer ce que l'on appelle un portefeuille d'investissement.

Tu trouveras ci-dessous, un récapitulatif des caractéristiques des placements. Il faut les prendre en compte lorsque nous décidons où placer notre argent :

Objectif	Risque	Liquidité	Rentabilité espérée	Type d'investissement
Epargne pour les dépenses à court terme	faible	élevée	faible	Revenus Fixes
Epargne pour les objectives à moyen terme	faible	moyenne	faible	Revenus Fixes
Epargne de précaution	faible	élevée	faible	Revenus Fixes
Retraite	moyen	faible	moyenne	Plutôt Revenus Fixes
Booster le Patrimoine	élevé	faible	élevée	Portefeuille Equilibré

Compte tenu des caractéristiques permettant, pour chacun des 4 placements, de constituer de bons investissements, je recommanderais un revenu fixe pour les 3 premiers placements.

Le plus important, selon moi, c'est de te donner les connaissances te permettant d'identifier, pour chaque situation, le placement qui correspond le mieux à ton objectif d'investissement.

Tout comme l'environnement économique, le marché financier est en constante évolution. C'est pour cette raison que je considère qu'il est beaucoup plus intéressant de te décrire les caractéristiques des bons placements plutôt que de simplement t'énumérer des recommandations. De cette manière, tu seras aussi capable de trouver toi-même ceux qui te correspondes le mieux. Ça t'évitera par la même occasion de suivre naïvement un portefeuille figé.

Néanmoins, étant un mec particulièrement adorable, je te donnerais également mon point de vue accompagné de quelques exemples de placement que j'apprécie. Ne les considère pas comme des conseils financiers mais plutôt comme mon opinion personnelle basée sur ma propre utilisation de mon argent. Tu peux t'en inspirer, bien évidemment, mais c'est surtout à toi d'en juger l'utilité en fonction de ta situation financière.

Concernant l'**épargne dédiée aux dépenses à court terme**, selon moi, le meilleur produit financier serait celui qui allie la simplicité et de la praticité. C'est pourquoi, j'utilise le **Livret de Développement Durable et Solidaire** (LDDS) de ma banque principale. L'intérêt n'est pas énorme, mais il n'a pas besoin de l'être car l'argent rentre et sort très fréquemment.

L'objectif principal ici est de séparer cette épargne de ton compte courant mais aussi, et par la même occasion, de générer quelques intérêts.

LDDS (Livret de développement durable et solidaire)

- Proposé par tous les établissements bancaires
- Limité à un par personne (ou 2 livrets maximum par foyer fiscal)
- Les retraits et les versements sont libres à tout moment
- Le plafond du LDDS est de 12 000 € (en 2020)
- Le taux d'intérêt annuel est de 0,50 % (en 2020)
- Les intérêts sont calculés le 1er et le 16 de chaque mois
- Les sommes déposées produisent des intérêts si elles sont placées par quinzaines entières
- Au 31 décembre de chaque année, les intérêts cumulés sur l'année s'ajoutent au capital. L'ajout des intérêts au 31 décembre peut porter la valeur du livret au-delà du plafond
- Les intérêts sont exonérés d'impôt sur le revenu et de prélèvements sociaux

Pour l'**épargne dédiée aux dépenses à moyen terme** (celles qui se produiront dans plus d'un an), comme l'achat d'une nouvelle voiture, pour les études de ses enfants ou l'épargne pour un mariage, j'aime les **Fonds Euros** de l'**Assurance-Vie**.

Assurance-Vie

- 3 options de versement : primes périodiques fixes ; à versement libre ou prime unique
- La compagnie d'assurance peut facturer des 4 types de frais
    - ✓ Frais de dossier : fixes et payés lors de la souscription.
    - ✓ Frais d'entrée : prélevés à chaque versement effectué. Ils sont forfaitaires ou proportionnels au montant du versement.
    - ✓ Frais de gestion : prélevés pendant toute la durée du contrat.
    - ✓ Frais d'arbitrage : prélevés sur le montant des sommes transférées d'une unité de compte à l'autre. Ils sont forfaitaires ou proportionnels aux sommes transférées.
- Les principaux types de contrats
    - ✓ **En euros** : les fonds versés sont garantis et augmentés des intérêts perçus au titre du taux minimum garanti prévu au contrat.
    - ✓ **Unité de Compte** : ils peuvent prendre la forme d'actions, d'obligations, de parts d'OPCVM, des parts de FIA ouverts à des investisseurs professionnels, etc. La valeur des fonds investis varie en fonction de l'évolution des marchés boursiers ou immobiliers de référence. Les fonds ne sont donc pas garantis, seul le nombre d'unités de compte est garanti.
    - ✓ **Multi-Supports** : comporte à la fois des placements libellés en euros et des placements libellés en unités de compte.
- En cas de besoin de retirer les capitaux accumulés avant la fin du contrat, c'est possible de demander à l'assureur un rachat (total ou partiel) ou une avance (un prêt).

<u>Fiscalité</u>

- Si le contrat d'assurance-vie arrive à son terme sans que tu n'aye effectué de rachat pendant sa durée, les gains sont exonérés d'impôts sur le revenu.
- Pour le rachat avant son terme (moins de 8 ans après son ouverture) : 17,2% de prélèvement sociaux + 12,8% taux forfaitaire (ou au barème progressif de l'impôt sur le revenu si tu as choisi cette option lors du dépôt de la déclaration de revenus). Donc, soit la *flat tax* de 30% (17.2% + 12.8%), soit 17.2% + Impôt sur Revenu à barème progressif.
- Pour le rachat avant son terme mais après 8 ans depuis son ouverture : 17,2% de prélèvement sociaux + 7,5% taux forfaitaire (avec abattement annuel de 4 600 € ou 9 200 € pour un couple). Ou 17,2% de prélèvement sociaux + le barème progressif de l'impôt sur le revenu si tu as choisi cette option lors du dépôt de la déclaration de revenus. Pour les montants que dépassent 150 000 €, le taux de 7,5% donne lieu à un prélèvement forfaitaire de 12,8%.

Pour **l'épargne de précaution**, où la sécurité est l'élément plus important (ainsi que la liquidité), j'ai choisi le **Livret A**.

Livret A

- Proposé par tous les établissements bancaires
- Limité à un par personne
- Les retraits et les versements sont libres à tout moment
- Le plafond est de 22 950 € (en 2020)
- Le taux d'intérêt annuel est de 0,50 % (en 2020)
- Les intérêts sont calculés le 1er et le 16 de chaque mois
- Les sommes déposées produisent des intérêts si elles sont placées par quinzaines entières
- Au 31 décembre de chaque année, les intérêts cumulés sur l'année s'ajoutent au capital. L'ajout des intérêts au 31 décembre peut porter la valeur du livret au-delà du plafond
- Les intérêts sont exonérés d'impôt sur le revenu et de prélèvements sociaux

Il existe aussi une alternative très intéressante au livret A : le Livret d'Epargne Populaire (LEP), réservé aux personnes disposant de revenus modestes. Le LEP fonctionne comme un Livret A, mais il a l'avantage d'avoir un taux d'intérêt plus important. En 2020, il était de 1%, soit le double de ce que le Livret A rapportait. Donc, si tu es éligible, il faut en profiter.

Plafond de revenus pour bénéficier du LEP en France Métropole (tableau 2020)

Plafond de revenus selon la situation familiale - Métropole

Quotient familial	Plafond de revenus
1 part	19 977 €
1,5 parts	25 311 €
2 parts	30 645 €
2,5 parts	35 979 €
3 parts	41 313 €
3,5 parts	46 647 €
4 parts	51 981 €
Demi-part supplémentaire	5 334

Pour la **retraite**, les régimes de retraite bénéficient d'allégements fiscaux.

Si tu travailles dans une entreprise qui encourage ses employés à investir dans ce dispositif en y agrémentant aussi un certain montant (un abondement), c'est une excellente opportunité.

Donc, si ton entreprise propose un **PER d'entreprise collectif**, un PEG ou un PERCO maximise-le car ton entreprise y contribue au maximum.

PER d'entreprise collectif

- Le plan peut être créé à l'initiative des dirigeants de l'entreprise ou par un accord avec les représentants des salariés (ce n'est pas toutes les entreprises qui l'offrent)
- Versements possibles :
    - ✓ Versements volontaires
    - ✓ Sommes issues de l'intéressement
    - ✓ Sommes issues de la participation
    - ✓ Droits inscrits sur un compte épargne temps (CET)
    - ✓ En l'absence de CET, sommes correspondant à des jours de repos non pris, dans la limite de 10 par an.
    - ✓ Peut être alimenté par des versements complémentaires de l'entreprise, appelés abondements. L'abondement ne peut pas dépasser 3 fois le montant que l'employé a lui-même versé, ni être supérieur à 6 581,76 € (en 2020).
- Plus d'information dans le tableau ci-dessous « PER Individuel ».

Abondement : c'est de l'argent gratuit, mec !

C'est cadeaux ! Il ne faut pas rater cette opportunité, *please* !

Si tu n'as pas accès à ce dispositif, tu peux toujours le faire de ton côté avec le nouveau **PER individuel**.

PER Individuel

- Sauf mention contraire de ta part, la gestion des sommes versées se fait suivant le principe de la gestion pilotée. Cela signifie que lorsque le départ en retraite est lointain, l'épargne peut être investie sur des actifs plus risqués et plus rémunérateurs. À l'approche de l'âge de la retraite, l'épargne est progressivement orientée vers des supports moins risqués.
- Alimenté par les versements volontaires que tu effectues.
- Lorsque tu as atteint l'âge de la retraite et que tu n'as pas opté au préalable pour la rente viagère, tu peux demander que l'épargne accumulée dans ton PER individuel soit versée :
    - ✓ soit en capital,
    - ✓ soit en rente
    - ✓ ou partiellement en capital et en rente.
- Il est possible de récupérer son épargne en capital de façon anticipée dans les cas suivants :
    - ✓ Invalidité du titulaire, de ses enfants, de son époux ou épouse ou de son partenaire de Pacs
    - ✓ Décès de l'époux ou l'épouse ou du partenaire de Pacs
    - ✓ Expiration des droits aux allocations chômage
    - ✓ Surendettement
    - ✓ Cessation d'activité non salariée à la suite d'un jugement de liquidation judiciaire
    - ✓ Acquisition de la résidence principale (sauf pour les droits issus de versements obligatoires).
- Le décès du titulaire entraîne la clôture du plan et les sommes épargnées doivent être reversées aux héritiers ou aux bénéficiaires désignés dans le contrat, sous forme de capital ou de rente.
- Les sommes versées au cours d'une année sont déductibles des revenus imposables de cette année, dans la limite d'un plafond global fixé pour chaque membre du foyer fiscal. En 2020, ce plafond était égal au plus élevé des 2 montants suivants :
    - ✓ 10 % des revenus professionnels, nets de cotisations sociale et de frais professionnels, avec une déduction maximale de 32 000 €,
    - ✓ ou 4 000 € si ce montant est plus élevé.
- Si tu ne déduis pas ces versements de ton revenu imposable, tu auras un avantage fiscal au moment de la sortie du PER individuel. Alors, soit tu en profites au présent, soit tu en profites au futur.

Investir pour générer des revenus supplémentaires est la partie la plus sexy de tout ça et dans les chapitres suivants, je vais te montrer une stratégie simple et efficace. Tout le monde peut l'appliquer et bénéficier de bons résultats au long terme avec un risque faible.

Voici un récapitulatif d'où nous en sommes jusqu'à présent.

Objectif	Placement	Remuneration	Fiscalité	Liquidité	
Epargne pour les dépenses à court terme	LDDS	0.50%	exoneré à 100%	immediate	✓
Epargne pour les objectives à moyen terme	Assurance Vie	Variable	17.20%	8 ans (ou immediate sans allégements fiscaux)	✓
Epargne de précaution	Livret A (ou LEP)	0.5% (ou 1%)	exoneré à 100%	immediate	✓
Retraite	Plan d'épargne retraite (PER / PERE)	Variable	Les sommes versées déductibles *	Retraite et autres*	✓
Booster le Patrimoine		Nous verrons dans les chapitres suivants...			?

CHAPITRE DIX-HUIT

Investir doit être simple

Toute modestie mise à part, je ne connais personne étant meilleur que moi aux paris. Je n'ai aucun problème à affirmer ça car j'ai été addict aux paris sportifs – surtout ceux liés au foot – depuis l'université, et ça n'a fait qu'empirer lorsque j'ai débuté ma vie professionnelle.

Je travaillais dans la finance et il y avait toujours au moins une personne qui avait envie de jouer ! Lors de mon premier stage, nous avions l'habitude de parier sur à peu près tout ce que tu pourrais imaginer, et mon bilan a toujours été très positif.

Je ne gagnais pas tous mes paris, bien sûr, mais je gagnais bien plus que je ne perdais. J'étais généralement très proche de la victoire juste avant la fin.

La raison pour laquelle je te dis tout ça n'est pas pour me vanter d'une sorte de talent naturel pour prédire le futur. Au contraire, c'est pour expliquer une chose très simple, vraiment, très, très simple !

Même si j'ai toujours été un énorme fan de football depuis que je suis enfant, ce n'est assurément pas ce qui m'a aidé. Honnêtement, en général, de par mon expérience, c'est plus souvent plus nocif qu'autre chose.

Il suffit de penser aux paris auxquels tu as peut-être participé lors des dernières coupes du monde. Qui les a gagné ? Laisse-moi deviner : 90% du temps, les personnes qui gagnent le pari de la coupe du monde sont des gens qui n'ont aucune idée de qui sont les joueurs de chaque équipe.

Pourquoi cela ? Parier n'est que de la chance ?

Non, ce ne sont que des statistiques !

Et sans nous en apercevoir, la plupart d'entre nous sont très mauvais en statistique.

Le problème lorsque l'on essaye de prévoir un résultat, c'est que nous surévaluons généralement la valeur des histoires et sous-évaluons celle des chiffres. Nous avons tendance à ajouter aux paris une complexité inutile qui finit plus par nous gêner que nous aider.

La plupart de mes amis qui avaient l'habitude de faire des paris sportifs avec moi s'informaient en permanence de l'actualité des équipes. Par conséquent, leurs paris étaient complètement biaisés à cause de l'abondance des informations inutiles qu'ils avaient reçues. Puis ils avaient l'habitude d'arriver et nous présenter des idées comme « je pense que la team Z va perdre parce que Crazy John est blessé », ou « cette équipe atypique est bonne va créer la surprise pendant le match car les autres équipes ne s'attendent pas à ce qu'ils soient aussi bon. ».

Je ne faisais pas ça.

Mes paris étaient toujours comme ça : le favori gagne. Toujours. Lorsqu'il y a un doute sur le favori, mon pari était : l'équipe à domicile gagne.

Quand je pariais sur des résultats, j'avais l'habitude de limiter mes options à : 2x1 ou 1x0 (0x0 ou 2x0 lorsque je voulais être extravagant !).

Pour ceux qui ne sont pas au courant, ce sont les scores les plus courants au football.

Jusqu'ici, il n'y a rien de magique. On ne fait que rendre les paris les plus simples possible.

Où est le problème alors ? Eh bien, tout le monde sait que le favori ne gagne pas toujours et que dans la majorité des compétitions il y a des résultats qui demeurent imprévus. C'est ce qui se produit généralement dans la vraie vie. Tout le monde le sait et parce qu'ils le savent, la plupart des gens essayent de deviner quelle sera la surprise de la compétition.

Grosse erreur !

Comme son nom l'indique, une surprise est un évènement incertain. Il est difficile de le prévoir. Je ne m'y risque pas. Je suis au courant que dans une compétition de 10 matchs, j'en gagnerais, en général, aux alentours de 7 d'entre eux.

Mes adversaires, qui essayaient de deviner quelles seraient ces « trois surprises », n'y arrivaient que rarement car la probabilité de trouver ces trois surprises est très faible. Mais ce n'est pas tout. Lorsqu'ils pensaient qu'une équipe était bien meilleure qu'une autre, ils pariaient un score élevé tel que 3x0 ou 4x1.

Je ne ferais jamais ça ! Parce que même s'ils ont raison à propos des scores élevés, il y a tellement de combinaison possible qu'ils rateront certainement la bonne. Ça pourrait être 5x0, 6x2 ... 7x1 (pas besoin de commenter la dernière).

Même s'ils pensent que la partie sera une victoire écrasante, il sera bien plus difficile de trouver le bon score. Les chances sont bien plus élevées de trouver le résultat d'un match plus serré.

Au final, je ne gagnais pas tous les matchs mais mon score figurait fréquemment parmi les plus hauts et au fur et à mesure que le championnat suivait son cours, je distançais les autres avec la stratégie la plus simple de toutes.

Statistiquement, on appelle ça la « régression vers la moyenne ». Sans les données qui impactent réellement le résultat, la meilleure supposition reste la moyenne historique. Il y a une raison pour laquelle les favoris sont considérés comme des favoris : ils ont plus de chances de gagner.

Le problème c'est que notre cerveau croit plus en des histoires ayant des relations de cause-à-effet qu'en de pures statistiques. On essaye toujours de trouver la justification, même peu probable, d'un problème, malgré qu'il ne soit pas forcément lié, de près ou de loin, au résultat.

Nous pensons que les résultats ont besoin d'être justifiés par des histoires. Un commentateur sportif dira à la suite d'une défaite de l'équipe favorite que c'est dû à l'absence du joueur X. Pour autant, si l'équipe avait gagné, le même argument aurait pu être utilisé.

Il est toujours plus facile d'expliquer les résultats une fois qu'ils ont eu lieu.

Tu ne verras jamais un commentateur dire : l'équipe favorite a perdu car statistiquement il est prouvé qu'elle perd 30% de ses matchs pour telle ou telle raison.

La raison pour laquelle je te dis tout ça c'est que le même phénomène se produit sur les Marchés Financiers. Si un ministre fait un discours important, cet élément pourra être utilisé à la fois pour justifier la hausse ou la baisse de l'Euro du jour, peu importe que cette nouvelle ait véritablement impacté ou non le taux de change.

Pour autant, on accepte cette information et même plus, car nous avons tendance à lui donner plus de poids que si elle n'avait été justifiée par des statistiques.

Mais quand les statistiques s'en mêlent, ça ne fait qu'empirer.

Les Jeux d'Argent

Il y a quelques années, j'avais essayé de jouer au loto – sans faire preuve d'une grande patience pour choisir les numéros car je savais que j'avais peu de chances de gagner – et j'avais eu une brève discussion avec l'un de mes camarades.

Avant de poursuivre, je dois dire que je n'aime pas jouer au loto. Cependant, parfois, il m'arrive de le faire juste pour accompagner mes amis.

J'aime parier lorsque je maitrise mon pari et que j'ai de vraies chances de gagner. Ce n'est pas le cas pour le loto. Tous ceux qui comprennent un minimum les statistiques savent que la probabilité qu'ils gagnent s'approche des 0,0%.

Il y a une possibilité de gagner, mais pas une probabilité.

Pour autant, les gens continuent d'y jouer.

Revenons au jour où je choisissais mes nombres avec impatience. Mon pari était finalement : 1, 2, 3, 4, 5 et 6.

L'un de mes amis qui avait organisé ce pari pensait que je me foutais de lui. Il disait que ma combinaison était impossible tout simplement parce que j'avais choisi six chiffres consécutifs. Il a dit : « ça n'arrivera jamais ! » et j'ai répondu « Je sais, mais ta combinaison non plus. Tu veux qu'on parie sur ça ? »

Il n'est pas impossible de gagner, mais la probabilité de gagner le gros lot au loto est infime. La probabilité de tomber sur mes 6 chiffres consécutifs était aussi probable que de tomber sur n'importe quelle autre combinaison.

Mais c'est le tour que nous joue notre cerveau.

Comme les combinaisons gagnantes du loto sont rarement composées de nombres consécutifs, mon ami pensait avoir plus de chance de gagner s'il choisissait des nombres aléatoires qui ne se suivaient pas. Bien entendu, ce n'était pas le cas.

Il avait l'impression que sa combinaison avait plus de chances de sortir car elle semblait plus réaliste.

Seulement, il existe des millions de combinaisons dans ce genre.

Mes amis qui pariaient sur des compétitions sportives faisaient exactement la même erreur. Il ajoutait dans leurs paris une part de réalisme imaginaire. Cette méthode leur donnait l'impression que leurs paris étaient plus cohérents pour la seule et unique raison que leur combinaison de résultat ressemblait plus aux résultats qui se produisent généralement.

La régression vers la moyenne. C'est le meilleur moyen pour se rapprocher du bon résultat.

Nous allons désormais faire un test. Considère les deux questions suivantes comme tout à fait indépendantes l'une de l'autre.

Je veux que tu devines la nationalité d'une personne sans aucune information supplémentaire.

1) Cette personne est soit chinoise soit d'une autre nationalité. Que choisi-tu ?

2) À présent, devine sa nationalité.

Bien, laisse-moi te dire ce que j'aurai répondu. À la première question, j'aurais dit que la personne n'est pas chinoise. À la seconde question, ma réponse aurait été : cette personne est chinoise.

Bien que ces deux questions aient l'air contradictoire, elles ne le sont pas.

La meilleure réponse est toujours l'option la plus probable. En effet, jusqu'à maintenant et à ce que je sache, il y a au moins 4 fois plus de chance de ne pas être Chinois sur Terre que de l'être (étant donné que la population chinoise représente 1/5 de la population globale.).

Pour autant, à la question 2, je sais que la Chine est le pays le plus peuplé du monde. Par conséquent, les probabilités qu'une personne soit chinoise est plus grande que pour n'importe quelle autre nationalité.

Grâce à mes réponses, je devrais toujours sortir gagnant de ce jeu avec 1 point garanti. Effectivement, j'aurais au moins raison pour l'une des deux questions.

En fonction du nombre de participants au test (et, bien sûr, de la chance), je ne gagnerais pas forcément car quelqu'un pourrait être plus chanceux et avoir juste aux deux réponses, ce qui ne pourrait pas m'arriver. Mais si ce genre de test continue, la personne qui remporte ce premier test a peu de probabilité d'avoir autant de chance pour les prochaines questions. N'importe qui, optant pour les statistiques plutôt que les devinettes, prendrait l'avantage sur lui à un moment ou à un autre.

Le problème avec les gens qui valorisent plus les histoires que les statistiques, c'est que le mec qui n'est pas chinois à la première question, ne changera pas sa nationalité à la seconde. Soit, il est chinois, soit, il ne l'est pas. Lorsque la question leur est posé, ils inventent un personnage dans leur tête. Ils se concentrent sur l'histoire plutôt que sur le jeu.

Comment ce phénomène se traduit-il sur les marchés financiers ?

Tout comme mes amis qui pensent pouvoir deviner le résultat du prochain match, les investisseurs pensent pouvoir trouver qu'elle sera le prochain Google dans le marché boursier.

À l'époque où Google est né, des milliers d'autres *start-ups* sont apparues dans le monde, et en particulier aux Etats-Unis. Elles semblaient toutes très prometteuses. Les marchés financiers ont investi massivement dans ces projets à partir de la fin des années 90 jusqu'au krach boursier de 2000, connu sous le nom « d'éclatement de la bulle internet ». La plupart de ces *start-ups* ne généraient pas – et n'ont jamais généré – de bénéfice. Certaines ont donc fait faillite.

Parmi-elles, Google a résisté et est devenu l'une des sociétés les plus importantes du monde.

Dans les années 90, il était pratiquement impossible de prévoir que Google allait devenir ce qu'elle est devenue aujourd'hui. À cette époque, chercher à investir dans une entreprise capable d'effectuer une telle prouesse serait comparable à chercher une aiguille dans une botte de foin composée de milliers d'autres *start-ups*. Serait-il possible, pour un investisseur particulier, d'identifier LE champion dans un tel contexte ?

C'est possible, oui. Cependant, encore une fois, il y a très peu de chance que ça arrive. Le résultat le plus probable avec ce genre de paris serait que tu aies perdu beaucoup d'argent en pariant sur les autres *start-ups* qui ont fait faillite en chemin.

Pour autant, le plus marrant avec tous ces cas de figure, c'est que tu penses qu'ils ne t'arriveraient pas.

Tu penses que tu es capable de trouver la bonne action, le bon résultat du match ou le numéro gagnant du loto comme tous les parieurs des casinos qui rejoignent une table, persuadés qu'ils vont gagner.

En 1991, les chercheurs Van Yperen et Buunk ont appelés ce phénomène « la supériorité illusoire ». C'est un biais cognitif qui nous fait surestimer nos propres capacités.

10 ans auparavant, un sondage réalisé par Svenson montrait que 93% des conducteurs automobiles américains pensaient qu'ils conduisaient mieux que la moyenne. Des sondages similaires ont été effectués à plusieurs reprises et les résultats étaient pratiquement toujours identiques. La plupart des gens pensent que leur Q.I. est au-dessus de la moyenne, la plupart des enfants pensent qu'ils sont meilleurs que la moyenne et la

plupart des travailleurs pensent qu'ils sont plus productifs que la moyenne.

Si nous avions une idée plus précise de la réalité, le résultat de ces tests serait plus proche des 50%. Une légère variation serait justifiable, mais ce n'est pas le cas. Nous surestimons nos capacités.

C'est la raison pour laquelle nous pouvons entendre des investisseurs inexpérimentés demander qu'elle est le meilleur investissement sur le marché.

> *« Première règle à Wall Street. Personne… et je me fou que tu sois Warren Buffet ou Jimmy Buffet. Personne ne sait si une action va grimper, chuter, aller sur le côté ou faire des putains de cercles et encore moins les courtiers en action, pas vrai ? »*
> (Mark Hanna dans Le Loup de Wall Street par Jordan Belfort)

Une étude de la Cass Business School montrait qu'entre 1968 et 2011, les singes choisissaient de meilleures actions que les professionnels du marché financier. Une autre étude montrait qu'en 15 ans, 96% des sociétés d'investissements n'avaient pas réussi à atteindre les mêmes résultats que le marché au global.

Et quel est le résultat final ? Tu payes des frais d'investissements colossaux pour, avoir un résultat horrible. C'est très couteux d'essayer de battre le marché. Avoir une stratégie de sélection d'actions nécessite du temps, de l'énergie, et bien sûr, de l'argent.

J'ai travaillé pendant plusieurs années en tant que Spécialiste des Relations Investisseurs. Notre rôle était d'informer et de répondre à toutes les questions que le marché pouvait avoir à propos de l'entreprise dans laquelle nous travaillions. Des investisseurs du monde entier nous appelaient, lisaient nos rapports et faisaient parler les tableurs pour comprendre la stratégie de l'entreprise. Certains venaient même sur place pour visiter certains de nos points de vente.

Tout ça leur servait à avoir une compréhension globale de l'entreprise. Ils voulaient savoir comment elle fonctionnait afin de jauger s'il était intéressant d'investir dans ses actions ou non.

Pour autant, cette méthode s'avère être très couteuse. Ces mecs bougent en permanence. Ils sont logés dans de beaux hôtels, vont dans d'excellents restaurants, se déplacent de réunion en réunion en taxi, voyagent en *business class* et ils ont un salaire qui n'est vraiment pas déplaisant.

Maintenant, est-ce que tu sais qui paye pour ça ? Eh bien, ce sont les investisseurs de fonds actifs qui le font.

Tout ça pour avoir 50% de chance d'être moins performant que le marché.

Non, attend une minute. Laisse-moi reformuler : tout ça pour avoir une belle histoire à raconter.

C'est la supériorité illusoire !

Tout ce qu'ils font c'est inventer des histoires. Mais ne t'y trompe pas, ils croient en leurs histoires, et honnêtement, la plupart du temps, ils n'ont même pas tort.

Le problème ce n'est pas qu'elles soient fausses. Le problème c'est qu'ils surévaluent le poids de ces histoires et qu'ils proposent un prix élevé pour celles-ci.

Battre le marché n'est pas si compliqué. Ce qui est compliqué, c'est de continuer à le faire année après année. Ça s'est compliqué. Les types comme Warren Buffet et Ray Dalio l'ont fait. Pour autant, quelle est la probabilité que ça t'arrive ?

D'autres mecs pourraient y arriver, mais écoute, comme l'a dit Tony Robbins, si que on regroupe 1024 gorilles dans un gymnase et qu'on leur donne à chacun une pièce pour qu'ils jouent 10 fois à « pile ou face », l'un d'eux obtiendrait « face » 10 fois d'affilée. Ce ne sont que des statistiques. Lorsque ça arrive, tu appelles ça de la chance. Mais, sur le marché financier, tu considérais ce mec comme un génie.

Là où je veux en venir, c'est que, pour un investisseur particulier, la meilleure stratégie c'est d'investir sur l'ensemble du marché. Tu peux utiliser la régression vers la moyenne pour ta stratégie d'investissement. Habituellement, les gens détestent être dans la moyenne car ils adorent se sentir spéciaux.

Mais n'aie pas peur de la moyenne. Elle ne te mordra pas.

Pour être honnête, c'est même plutôt l'inverse. En effet, cette stratégie te permettra de diversifier ton portefeuille tout en réduisant tes coûts. Cette méthode est peu couteuse car elle t'évite d'avoir recours à une équipe consacrée à l'étude de rapports et qui voyage constamment pour connaitre les dernières nouvelles. Au final, une macro Excel suffit pour acheter et vendre des actions afin de reproduire les indices : ça ne coute presque rien.

En réalité, la plupart des fonds qui semblent réaliser d'incroyables performances sur le marché, ne le font pas. Si on déduit tous les frais qu'ils ont engagés pendant l'année, leur performance est bien pire que celle qu'ils ont annoncé.

Ma stratégie est simple : n'essaye même pas de deviner. Je copie simplement le marché en utilisant les index des fonds comme référence. L'économie mondiale croît et par conséquent, de nouvelles entreprises qui proposent de nouveaux produits naissent chaque jour. Elles apportent des solutions innovantes aux problèmes de la société et représentent de nouvelles opportunités pour générer des profits. Il y a des évolutions en permanence et il est très peu probable que cette tendance change.

Warren Buffet avait évoqué ce sujet dans l'un de ses récents rapports. Il expliquait comment l'accroissement de la population mondiale accompagnée de l'extraordinaire hausses de la productivité généreront une augmentation conséquente de la richesse pour les futures générations. C'est déjà le cas depuis au moins 300 ans.

Achète le marché plutôt que de choisir des actions. Soit actif dans ta vie et passif pour ta stratégie d'investissement. Cela te permettra d'économiser beaucoup de temps et d'énergie tout en ayant de bons résultats financiers. Le problème avec cette stratégie, c'est qu'elle est très simple, et les gens n'aiment pas la simplicité. Ils sont prêts à débourser plein d'argent pour écouter des mecs avec de beaux costumes parler un jargon complexe, accompagné de graphiques colorés et tout ça sur un bureau composé de 4 écrans. Ils veulent apprendre à lire des graphiques pour qu'ils puissent dépenser leurs derniers centimes dans des frais de courtage afin d'acheter et de vendre des actions. Comme si d'une minute à l'autre, le monde entier allait changer et qu'une action qui avait de la valeur il y a deux minutes allait perdre tout ce qu'elle vaut.

De la complexité, c'est ça qu'ils veulent.

Mais, si c'est ton cas, alors je vais essayer de défendre mon point de vue en utilisant d'autres mots juste pour te satisfaire.

CHAPITRE DIX-NEUF

Se constituer un portefeuille qui génère des revenus supplémentaires

Dans ce chapitre, je vais me permettre d'être un peu plus technique. L'idée est la même que pour celle du chapitre précédant, je vais simplement détailler un peu plus.

Pour autant, avant de plonger dans les stratégies d'investissement, je vais faire un résumé des 2 principaux types d'actif.

Quelques mots à propos des Actions et des Obligations

Les actions et les obligations représentent deux moyens pour une société de lever des fonds pour financer ou développer ses activités.

Lorsqu'une société émet des actions, elle vend une part d'elle-même. Le nouvel actionnaire va devenir l'un des propriétaires de la société. Il aura un droit de vote sur des sujets importants de la société lors de l'Assemblée Générale des Actionnaires. Il pourra aussi recevoir une partie des profits de la société. La part des bénéfices annuels de la société qui est reversée aux actionnaires est appelée « dividende ». Chaque actionnaire reçoit une part de ces dividendes proportionnellement à la part qu'il détient de la société. Donc, si tu possèdes 0,5% du montant total des actions émises d'une société, tu recevras 0,5% du montant total des dividendes distribués.

La plupart des gens pensent que le seul moyen de gagner de l'argent sur le marché des actions c'est de les acheter à bas prix puis de les vendre au prix fort. On appelle ça une plus-value. Mais ce n'est qu'un moyen parmi d'autres. Il est aussi possible de garder la poule aux œufs d'or avec toi. Si tu ne la vends pas, tu auras droit à une part des bénéfices de l'entreprise pour toujours. C'est un peu comme acheter de l'immobilier. Tu peux le revendre pour faire une plus-value ou tu peux le louer et recevoir des loyers en échange.

Cependant, toutes les sociétés ne distribuent pas de dividendes, c'est important de le préciser. Certaines décident de réinvestir tous leurs profits pour augmenter leur futur chiffre d'affaires. Pour autant l'actionnaire tire aussi son épingle du jeu dans ce cas-là. En effet, au fur et à mesure que l'entreprise grandit, la valeur de l'action qu'il détient aura tendance à augmenter en parallèle, tant que la société est financièrement saine.

De l'autre côté, nous avons les obligations, qui représentent une dette financière. À l'échéance de l'obligation, le prêteur reçoit le montant initial qu'il avait prêté accompagné d'un intérêt.

Je sais qu'à chaque fois qu'il y a des dettes en jeu, la plupart des gens pensent aux banques. Ce n'est qu'à moitié vrai. Le marché des obligations fonctionne pratiquement de la même manière que le marché des actions. Les investisseurs acquièrent ces obligations et décident de les garder en échange d'intérêts plutôt que de dividendes. Le prix de l'obligation fluctue aussi sur le marché. Cela signifie que tu peux aussi acheter une obligation et la revendre en générant une plus-value (ou moins-value).

Évidemment, la volatilité du prix des obligations est bien moins importante que celle du marché des actions. En effet, les obligations sont plus sûres et cela pour plusieurs raisons. La première c'est que le rendement d'une obligation ne dépend normalement pas de la performance de la société. Les intérêts sont prédéfinis, donc même si les profits de la société grimpent en flèche, le rendement de l'obligation ne changera pas. La seconde raison est liée au fait que l'actionnaire sera le dernier à recevoir quoi que ce soit si l'entreprise fait faillite. Alors que les obligations peuvent être émises par des Gouvernements ou des Institutions Financière en plus des sociétés.

Pour la faire simple, voici ce qu'il est important de retenir du point de vue de l'investisseur. Les obligations ont tendance à être un actif plus sûr tandis que les actions peuvent avoir des rendements attendus plus important. L'investisseur peut détenir les deux.

Risque vs. Rendement

Lorsque l'on parle d'investissement pour l'avenir, nous n'avons que notre espoir pour prévoir ce qu'il va se passer. Pour autant, il y a toujours un risque que nos espérances ne se confirment pas.

Le rendement de certains actifs fluctue relativement peu par rapport à ce qui était attendu. D'autres, varient beaucoup plus. C'est la définition du risque sur les marchés financiers : quelle sera la fluctuation du rendement d'un actif par rapport à ce qui est attendu.

Maitriser les risques est un élément-clé pour se constituer un portefeuille. Acquérir des actifs sans évaluer leurs risques se résumerait à partir faire un pique-nique sans vérifier la météo en amont. Tout pourrait se dérouler pour le mieux un certain week-end. Pour autant, si tu prévois d'y aller chaque semaine, tu ferais mieux d'être prudent.

Le problème c'est que tout le monde préfère les actifs reconnus pour leur stabilité et leurs faibles risques. Mais au final, la relation entre l'offre et de la demande fait que l'actif le plus risqué présente les rendements attendus les plus hauts.

Alors, qu'est-ce que tu choisis ?

Pas facile, pas vrai ?

Ton objectif dans ce jeu est à la fois de maximiser les rendements et de minimiser les risques pour ton portefeuille.

Le meilleur moyen de trouver un compromis entre les risques et les rendements est de calculer le montant des rendements attendus pour chaque pourcentage de risque.

Encore une fois, pour simplifier la démarche, la qualité d'un actif est définie par la formule suivante :

$$\frac{Rendement\ Attendu}{Risque}$$

Cette formule, très simple et intuitive, nous donnes les bases de ce que l'on appelle : le Ratio de Sharpe. Cette formule consiste à diviser les rendements attendus d'un actif par son risque. Le risque d'un actif est représenté par des prévisions basées sur son historique de données.

Bien sûr, plus le rendement par unité de risque est haut, plus l'investissement est considéré comme bon.

Pour illustrer mes propos, je vais te donner un exemple. Imaginons que Google (Alphabet Inc.) propose 15% de rendement attendu et possède 30% de volatilité dans l'année. En utilisant un ratio de Sharpe simplifié, on obtiendrait un résultat de 0,5 (15% / 30%).

Pourquoi est-ce que je l'appelle Ration de Sharpe « simplifié » ? Car, pour effectuer le Ratio de Sharpe traditionnel, nous devrions ajouter le concept d'actif sans risque. Ces actifs sont, comme leur nom l'indique, des actifs qui ne présentent aucun risque.

Les titres de créances à court terme émis par le Trésor Public Français connu sous le nom de BTF (Bon du Trésor à taux fixe et à intérêt précompté) sont un bon exemple d'actif sans risque que l'on peut acquérir en France.

Par conséquent, le Ratio de Sharpe traditionnel te donnerait le rendement attendu d'un actif en fonction du taux d'un actif sans-risque et de la volatilité de l'actif.

$$Ratio\ de\ Sharpe = \frac{(Rendement\ de\ l'actif - Taux\ d'un\ Actif\ Sans\ Risque)}{Volatilité\ de\ l'actif}$$

Tous ces chiffres ne sont basés que sur des prévisions et des hypothèses.

Est-ce que mon discours te paraît très technique ? Si tu penses que oui, je te prie de ne pas en avoir peur. Mon but ici est tout simplement de faciliter la compréhension de ces concepts financiers.

Donc, Riko, est ce que ça signifie que je n'aurais qu'à calculer ce taux et à choisir l'action qui a le plus grand ratio de Sharpe pour y investir toutes mes économies ?

Non, ce n'est pas ce que je veux dire.

Laisse-moi finir et tu verras comment ça fonctionne.

Il existe un mot magique que je n'ai pas encore prononcé qui s'appelle : la diversification.

Tu vois quand les grands-mères ont l'habitude de dire qu'il ne faut pas mettre tous ses œufs dans le même panier ? C'est le même principe mais expliqué d'une manière plus simple.

Le temps du glamour est arrivé ...

Avant de continuer, j'aimerais expliquer plus en détail un concept. La plupart du temps où j'ai évoqué le risque, je l'ai associé à la volatilité, pas vrai ? Pourquoi cela ? Car la volatilité est la cause de l'incertitude de la future valeur de l'actif. Un statisticien dirait cela : « le risque est l'écart-type du rendement attendu ». Mais je pense que cette définition pourrait être simplifiée avec un exemple.

Reprenons notre exemple de Google où le rendement attendu est de 15% et le risque de 30%. Qu'est-ce que cela signifierait dans un monde très simple ? Cela signifierait que le prix de l'action de Google pourrait varier de -15% à + 45%, étant donné sa volatilité de 30%.

15% de Rendement Attendu "+" ou "-" 30% de Risque

La magie opère lorsque tu ajoutes un second actif à ton portefeuille. À ce moment-là, il est fort probable que ton ratio de Sharpe augmente, même si ce second actif est pire que le premier.

À présent, en plus de notre exemple de Google et de son Ratio de Sharpe à 0,5, admettons qu'il y est en parallèle l'action de Netflix. Son action aurait un rendement attendu de 10% par an et un risque de 25%. Par conséquent, en calculant son ratio de Sharpe simplifié nous obtiendrions un résultat égal à 0,25. D'un premier coup d'œil et en ne prenons en compte que le ratio de Sharpe, l'action de Netflix semble moins intéressante, pas vrai ?

Pour autant, en cumulant les deux actions dans le même portefeuille, on pourrait atteindre un rendement attendu de 12,5%, un risque de 12,5% aussi et un ratio de Sharpe égal à 1. Ce ratio est mieux que chacune de ces actions prisent individuellement.

Si tu ajoutes une troisième action, il est fort probable que tu améliores davantage la relation risque/rendement de ton portefeuille. Il en va de même si tu y ajoutes une quatrième action, une cinquième et ainsi de suite.

Pourquoi cela ?

Tu sais, lorsque l'on cumule différents actifs dans un portefeuille, le rendent attendu de ce portefeuille devient la moyenne de tous les rendements attendus de chaque actif. Pour autant le risque, quant à lui, ne fait que diminuer. Le mot magique qui te permet de diminuer ton risque lorsque tu cumules plusieurs actions dans ton portefeuille est le mot « corrélation ».

En d'autres termes, plus la corrélation entre les différentes actions sera basse, plus l'accumulation de ces dernières de ton portefeuille sera bénéfique car le risque sera ainsi dilué.

Par exemple, imaginons que tu possèdes deux actions, chacune ayant une corrélation négative vis-à-vis de l'autre. Si les rendements attendus de l'une ne sont pas atteints, l'autre surpassera surement les siens, contrebalançant ainsi le risque de la majeure partie de ton portefeuille.

C'est un phénomène courant car les actions réagissent différemment aux changements de l'environnement économique. Par exemple, si le prix du pétrole baisse, ce sera une mauvaise nouvelle pour les compagnies de l'industrie du pétrole et du gaz. À l'inverse, cette même nouvelle pourrait avoir un impact très favorable sur les marchés des compagnies aériennes. En effet, pour les entreprises qui fournissent du pétrole et du gaz, une chute du prix du pétrole réduit leurs revenus, tandis que pour les compagnies aériennes, cela réduirait leurs coûts. Mauvais pour les uns, bon pour les autres. C'est ce que l'on appelle une corrélation négative.

Donc, si tu possèdes plusieurs actions et que ces actions ont une corrélation très faible entre elles, le risque lié à l'une sera partiellement contrebalancé par le comportement des autres.

Par conséquent, tant que tu maintiendras une corrélation faible entre tes actions et un ratio de Sharpe positif pour chacune d'entre-elles, tu pourras continuer d'accumuler des actions dans ton portefeuille et garder une relation risque/rendement saine.

« Riko, quand tu m'as annoncé que ce serait facile, je ne m'attendais pas à tout ça. »

Je sais, je sais, mais fais-moi confiance. Je ne suis pas en train de te dire qu'il faut absolument que tu analyses toutes les actions, que tu vérifies tous les « rendements attendus », les « risques », les « corrélations », etc. Non ! Je veux juste te faire comprendre mon point de vue. Je veux que tu comprennes le pouvoir de la diversification et l'importance d'avoir un rendement attendu supérieur aux risques dans ton portefeuille.

Ce que je veux que tu retiennes ici c'est l'idée principale.

Par ailleurs, il y a un point très important à aborder sur ce sujet. Pour un investisseur moyen, acquérir un grand nombre d'actions d'entreprises différentes n'est pas efficace. En effet, en théorie, même si cela peut paraître génial, en pratique, si tu essayes de faire ça, tu seras confronté à des frais de courtage très important. Il sera aussi compliqué d'avoir le contrôle sur un portefeuille aussi important. C'est une stratégie inefficace.

Alors, que faire ?

Ha-ha! Je suis content que tu poses la question …

ETF

ETF est l'acronyme de *Exchange Traded Fund* ou « Fonds Négociés en Bourse » en français. En d'autres termes, ce sont des fonds qui s'échangent sur le marché des actions comme de véritables actions.

La différence est que, lorsque tu achètes un ETF, tu n'acquières pas seulement une action, tu acquières une part d'un beau portefeuille bien diversifié. Cela te permet de maximiser ton Ratio de Sharpe, peu importe le montant que tu investis.

L'avantage d'investir dans un ETF plutôt que dans un fonds traditionnel est que les frais de gestion sont infiniment moins couteux. C'est un avantage particulièrement important pour les investisseurs qui veulent investir de manière répétée sur le long terme.

Mais comment est-ce que les ETF peuvent proposer des frais si bas ?

Pour répondre à cela, je vais devoir évoquer la différence entre les stratégies actives et les stratégies passives. En effet, ce sont les deux stratégies élémentaires qui déterminent notre manière d'investir.

D'un côté nous avons la stratégie active, où l'objectif est d'être plus performant que le marché. De l'autre côté, nous avons la stratégie passive, où l'investisseur comprend au combien il est difficile d'essayer de surpasser le marché et au-delà de ça, du risque que cela implique. Il décide donc de simplement reproduire les performances du marché dans sa globalité.

Mais pourquoi choisirais-tu de reproduire le marché si tu peux essayer de le battre ?

C'est simple. Tu te souviens de mes amis qui faisaient des paris sportifs ? La plupart des gens ne battront jamais le marché sur le long terme. Même s'ils sont convaincus qu'ils peuvent y arriver.

Tous les investisseurs professionnels – dont certains ayant des années d'expérience sur le terrain – se réveillent chaque matin et partent à la recherche des actions qui vont exploser sur le marché. Ces mecs passent beaucoup de temps à étudier, à lire des états financiers d'entreprises, à suivre l'actualité et à questionner des responsables de société pour essayer de comprendre leurs stratégies. Bien sûr, ces équipes sont très bien payées pour tous leurs efforts et le travail qu'elles fournissent.

Mais d'un autre côté, les fonds passifs sont bien plus faciles à gérer. Tu n'as ni besoin d'une grande équipe d'analystes surdiplômés, ni de voyager, ni de rencontrer des PDG. Tu n'as même pas besoin de passer du temps sur Bloomberg ou de t'abonner au Financial Times. Tout ce que tu as à faire, c'est de copier les indices auxquels tu te réfères. Si c'est le Cac40, tu n'as qu'à t'assurer que ton portefeuille contient toutes les actions que l'indice lui-même et dans les mêmes proportions.

Les fonds passifs sont des raccourcis.

Tu imagines, tout ce que tu as à faire c'est d'avoir confiance en la capacité du marché à augmenter le cours des actions dans leur globalité. Un indice important comme le Cac40 représente bien la globalité du marché français. Par ailleurs, la performance du marché traduit la moyenne de l'ensemble des choix des investisseurs.

Cela signifie qu'en utilisant une stratégie passive, tu prendras l'avantage sur l'ensemble des décisions que prennent les investisseurs professionnels. Mais le plus beau dans tout ça, c'est que pour reproduire le résultat du marché, tu vas économiser tout le temps, les efforts et l'argent que dépensent les investisseurs professionnels qui essayent de battre le marché. Des efforts qui, pour la majorité d'entre eux, ne seront pas récompensés.

C'est simple, moins cher, plus sûr et plus sage de se contenter de suivre le marché. En n'essayant pas de le battre, tu ne seras jamais en dessous non plus. Ta performance sera celle du marché, ni plus, ni moins ! Tout ça en se passant des frais de gestion extravagants et des frais excessifs liés aux performances.

En tant qu'actionnaire d'un ETF indiciel, tu as aussi droit à une part des bénéfices générées par la longue liste de sociétés qui composent cet indice. Cela signifie que l'économie globale travaille pour toi pendant que tu dors. Ça a l'air d'être intéressant, non ?

Si ton objectif est de prendre ta retraite et de te reposer au bord de ta piscine chez toi, sans stresser au sujet des hausses et des baisses du cours des actions au quotidien ou simplement te concentrer sur ton métier et investir pendant ton temps libre, choisis la stratégie passive. Achète des ETF et laisse le marché travailler pour toi. C'est la meilleure affaire que je connaisse, même par rapport au Ratio de Sharpe. En obtenant la moyenne des différents rendements attendus et en diluant largement le risque grâce à un portefeuille diversifié, tu maximises le rendement de ton portefeuille et minimises le risque.

Est-ce que je devrais simplement acheter un ETF et m'arrêter là ?

Avant d'aller directement à la réponse, il vaut mieux garder ça en tête : l'économie est composée de cycles. Tous les 20 ans, il y a généralement un krach sur les marchés financiers et une crise quelque part sur la planète qui va affecter l'économie globale. C'est arrivé sur le marché des pays émergeants asiatiques en 1997, en Russie en 1998 et en 1999 avec le *Long Term Capital Management* – le plus grand fonds spéculatif de tous les temps – qui s'est effondré. Ensuite il y a eu la crise de la bulle internet, le scandale d'Enron, le 11 septembre, les guerres d'Irak et d'Afghanistan et un bon nombre d'autres évènements malheureux. Le paroxysme est la crise financière de 2008, c'est la crise la plus connue et la plus dévastatrice que nous ayons vécue depuis 1929. Par ailleurs elle influence encore notre actualité et nos comportements.

À chacune de ces périodes, le marché des actions a baissé. Cependant, il a toujours récupéré ses pertes avec le temps. Malgré beaucoup de contre-temps à court terme, le marché des actions, au long terme, à toujours grimpé. Cela s'explique par le développement de l'économie mondiale, la capacité des entreprises à devenir de plus en plus rentable, les nouvelles technologies et l'amélioration des formations qui permettent aux travailleurs de devenir plus efficaces et plus productifs, etc.

Toi, moi, et un paquet d'autres personnes nous levons chaque jour et essayons de faire changer les choses, de créer un futur meilleur. Nous ne le réalisons pas forcément, mais nous créons tous de nouveaux procédés, nous améliorons nos connaissances et apportons tous des améliorations d'une manière ou d'une autre. Elles peuvent sembler infimes, mais nous sommes des milliards à les faire en permanence. Enfin, excepté certains dimanches peut-être.

Grâce à notre expérience personnelle, nous savons tous que les choses ne se déroulent pas toujours comme elles le devraient. La plupart du temps, nous surestimons la probabilité d'avoir des résultats inattendus. Pour autant, lorsque l'on prend du recul, normalement, cela finit toujours par payer. La tendance générale est très positive.

Je sais que l'histoire ne se répète pas, mais malgré tout nous avons beaucoup à apprendre du passé.

Pour résumer, nous savons donc que le marché des actions reflète la tendance économique globale et qu'il suit une trajectoire majoritairement haussière. De plus, nous savons que cette trajectoire subit régulièrement des corrections et que personne ne peut prévoir avec précision où et quand elles vont se produire. Enfin, habituellement, le marché rebondit rapidement suite à ces aléas et retrouve sa tendance haussière au long terme.

À présent, la question est la suivante : comment faire travailler ces cycles pour toi en pilotage automatique ?

Voici la réponse : en ayant un portefeuille équilibré avec à la fois des revenus fixes et des ETF.

C'est une stratégie très simple et efficace. Imaginons que ton portefeuille d'investissement soit réparti de la manière suivante : 50% d'ETF d'actions et 50% d'Obligations. Tout ce qu'il te reste à faire c'est d'ajuster ton portefeuille à chaque trimestre pour maintenir l'équilibre 50-50.

Que se passe-t-il si le marché des actions grimpe en flèche et que ton portefeuille est alors composé à 70% d'ETF et seulement 30% d'Obligations ?

Eh bien, tu devras rééquilibrer ton portefeuille en vendant ces 20 points de pourcentage en trop de tes ETF. Tu pourras ensuite utiliser ce montant pour acheter des Obligations et ainsi réajuster ton portefeuille à l'équilibre désiré.

Au contraire, on peut imaginer qu'une crise soudaine et temporaire fasse tomber ta part d'ETF à 35% et monter celle de tes Obligations à 65%. Dans ce cas-là, tu devras vendre des Obligations et acheter l'équivalent en ETF pour maintenir ton équilibre à 50-50.

Ce que je trouve superbe avec cette stratégie très simple, c'est qu'elle te force à vendre tes actions lorsque le marché des actions est élevé et à les acheter lorsqu'il est bas. C'est cette méthode qui te permettra de faire travailler les cycles économiques pour toi.

La grande majorité des investisseurs font strictement l'inverse. Nous savons tous que l'objectif est d'acheter les actions lorsqu'elles sont peu couteuses et de les vendre lorsqu'elles sont chères. Mais en réalité, les investisseurs ont tendance à faire l'inverse. Ils achètent des actions lorsqu'elles grimpent et les vendent lorsqu'elles ont peu de valeur. C'est tout simplement la meilleure stratégie pour perdre facilement et rapidement de l'argent.

Un portefeuille bien équilibré avec des Obligations et des ETF est une manière structurée et simple de rester dans le vert en permanence et sur le long terme.

C'est automatique. Cette stratégie te permet d'économiser ton énergie et ton temps. Tu n'as pas besoin d'être un expert. Tu n'as pas besoin de calculer le Ratio de Sharpe. Tu n'as pas besoin de surveiller Bloomberg, de parler aux mecs qui gèrent les relations investisseurs, etc. Bientôt, tu feras ce que des gars comme Jack Bogle, Warren Buffet, David Swensen et Ray Dalio te conseilleraient de faire.

Peut-être que ton conseiller bancaire te conseillera autrement parce que, tu sais, ils ont besoin de vendre leurs fonds couteux qui impliquent d'importants honoraires de gestion. Les maisons de courtage vont essayer de te vendre les avantages d'échanger autant d'actions que possibles, parfois même en t'offrant des formations gratuites pour te faire devenir le meilleur trader du monde. Ça a l'air tellement sympa d'être un trader, mais en réalité, ils ne veulent que leurs exorbitantes commissions de courtage. Ils adorent que leurs clients *trade* énormément. Ils t'attirent avec des publicités mettant en avant des frais de courtage gratuit ou à bas prix et des connaissances approfondies sur le marché qui t'aideront à choisir les bonnes actions. C'est le même principe que les Casinos de Las Vegas qui t'offrent des jetons gratuits pour que tu puisses jouer avec.

Mais, garde ça en tête : c'est toujours la maison qui gagne.

Combien de catégorie d'actifs et quelle répartition devrais-je avoir pour équilibrer mon portefeuille ?

Selon moi, les actions sont le meilleur investissement sur le long terme, car, même si elles peuvent représenter un risque important, elles ont toujours tendance à augmenter à travers le temps. Cette augmentation reflète les avancées économiques que j'ai déjà évoquées un peu plus haut. Pour les investissements à court terme, je conseillerais plutôt d'avoir recours aux obligations car elles sont plus sûres.

Par conséquent, plus tu es jeune, plus la part d'actions que tu détiens dans ton portefeuille doit être importante. À l'inverse, si tu es âgé, tu auras du mal à profiter des avantages de la possession d'actions au long terme.

Il existe une technique assez simple pour équilibrer ton portefeuille. On l'appelle « la Stratégie du Cycle de la Vie ». Elle consiste à ajuster la proportion de chacun de tes actifs en fonction de ton âge. Ainsi, ta proportion d'obligations augmente lentement avec le temps.

Voici ce que je suggère, à 20 ans, tu as toute ta vie et toutes les opportunités devant toi. Tu devrais donc investir 100% de ton portefeuille dans des actions. Chaque année, tu devrais augmenter la part de tes revenus fixes de 2%. De fait, lorsque tu auras 30 ans, tu gagneras sans doute beaucoup plus d'argent qu'à tes 20 ans, et tu pourras alors allouer 20% de tes investissements dans des Titres à Revenus Fixes (obligations, livrets, fonds en euro) et 80% dans des Titres à Revenus Variables (actions).

Si tu suis cette règle, lorsque tu fêteras ton 70ème anniversaire, tu pourras annoncer à tes amis que tu as désormais un portefeuille composé intégralement d'investissements à court terme et sans risque.

Bien sûr, tu n'as pas besoin de suivre cette règle à la lettre et au moindre centime. En vérité, pour que ce soit plus facile à suivre, je te conseille de te laisser une marge de 5%.

Donc, si ta répartition doit être de 20% - 80% mais qu'elle est actuellement aux alentours de 23% - 77%, c'est bon. Autrement, tu risques de perdre beaucoup d'argent avec les frais de transaction.

Âge	Revenues Fixes	Revenues Variables
20	0%	100%
25	10%	90%
30	20%	80%
35	30%	70%
40	40%	60%
45	50%	50%
50	60%	40%
55	70%	30%
60	80%	20%
65	90%	10%
70	100%	0%

Pour rééquilibrer légèrement les déviations de ton portefeuille, tu peux ajuster mensuellement tes investissements en y ajoutant de l'argent. Cela t'évitera, tant que tu pourras te le permettre, de payer des frais liés à des achats ou à des ventes.

Mais en même temps, tu dois être ferme. Si le pourcentage surpasse cette marge, il faudra que tu fasses les ajustements nécessaires. Reprenons l'exemple de la répartition 20% - 80%, si ta répartition passe à 30% - 70%, tu devras la réajuster à ton objectif initial pour atteindre à nouveau la répartition 20% - 80%. Ça t'évitera d'avoir à faire des ajustements trop conséquents par la suite et ça te permettra aussi de bénéficier de la stratégie qui consiste à vendre-haut et acheter-bas.

Comment choisir un ETF ?

Les ETF sont normalement déjà bien diversifiés. Tu dois donc concentrer tes recherches sur les ETF qui représentent au mieux un marché et qui proposent de faibles frais de gestion. C'est tout !

Selon moi, il est intéressant de détenir au moins deux ETF qui représentent chacun un marché bien distinct, par exemple : un Européen et un autre mondial. Ce dernier bénéficierait de la sécurité des pays développés comme les Etats-Unis et le Japon. Par ailleurs, il pourrait être intéressant d'ajouter un ETF spécialisé dans les pays émergents tels que la Chine et l'Inde.

Voici les ETF dans lesquels j'ai personnellement investi :

1) **Lyxor STOXX Europe Select Dividend 30 UCITS ETF – Dist (ISIN : LU1812092168)**

   Cet ETF a pour objectif de reproduire la performance de l'indice de référence STOXX Europe Select Dividend 30 Net Return EUR.
   L'indice STOXX Europe Select Dividend 30 Net Return EUR est constitué de 30 valeurs sélectionnées par Stoxx parmi les 600 valeurs européennes de l'indice DJ Stoxx 600.
   Les 30 sociétés retenues sont celles qui offrent les taux de dividende net les plus élevés. La pondération des différentes valeurs dans l'indice s'effectue selon leur taux

de dividende respectif. Par conséquent, le taux de dividende de l'indice est particulièrement élevé.

Le Total des Frais sur Encours est de 0.3% p.a.

Cet ETF a aussi une politique de distribution de dividendes. Cela signifie que les dividendes distribués par les sociétés sont aussi distribués aux détenteurs de cet ETF 2 fois par an.

Juste pour te donner un ordre de grandeur (car cela change tous les ans et que la performance passée ne préjuge pas de la performance future), en 2019, les dividendes distribués par cet ETF étaient de l'ordre de 0.92€ par ETF. Qu'est-ce que ça représente ? Bon, au 1/01/2019 cet ETF était négocié à €15.38. L'investisseur qui avait acheté l'ETF ce jour-là, a bénéficié d'un rendement de 6.6% sous forme de dividende annuel (ce qu'on appelle *dividend yield*).

Pas mal étant donné que le taux d'intérêt annuel du Livret A en France avoisine les 0.5%.

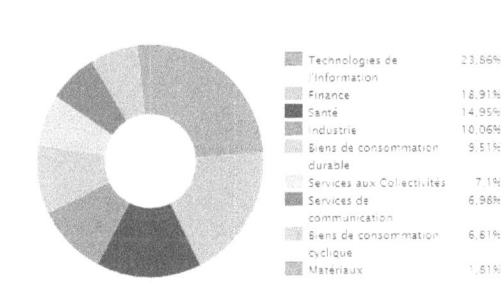

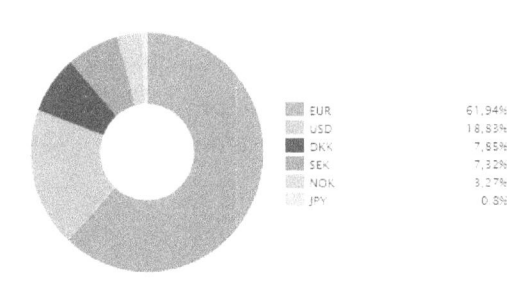

En 2020, l'action la plus présente dans cet indice était la UCB Pharma (Union chimique belge, du secteur biopharmaceutique) qui représentait près de 8% de celui-ci, suivi ensuite par la banque espagnole Santander avec 7% et Unilever avec 6%.

Sa composition change régulièrement, donc ne t'étonne pas si ces informations deviennent complètement obsolètes dans quelques années.

Si tu es intéressé, tu peux consulter l'actualité de cet ETF avec le lien ci-dessous :

https://www.lyxoretf.fr/fr/instit/produits/etf-actions/lyxor-stoxx-europe-select-dividend-30-ucits-etf-dist/lu1812092168/eur

2) AMUNDI MSCI WORLD UCITS ETF - EUR (C) (ISIN : LU1681043599)

Cet ETF a pour mission de répliquer le plus précisément possible l'évolution de l'indice MSCI World, à la hausse comme à la baisse. Avec une seule transaction, tu peux acquérir un indice composé d'approximativement 1700 valeurs mondiales. En termes de diversification, celui-ci est imbattable.

Cet ETF ne redistribue pas les dividendes qu'il collecte. À la place, les dividendes sont capitalisés, cela signifie qu'ils sont tous réinvestis dans des actions. Rien ne se perd, tout se transforme !

Pour cet ETF, les frais sont de 0.38% par an.

Le principal atout de cet ETF est la diversification qu'il propose. Voici les principales actions qui composent l'indice ainsi que la répartition géographique de l'indice en Mai 2020.

Titre	Poids
APPLE INC	3.53%
MICROSOFT CORP	3.30%
AMAZON.COM INC	2.56%
FACEBOOK INC A	1.40%
ALPHABET INC CL C	1.10%
ALPHABET INC CL A	1.07%
JOHNSON & JOHNSON	0.95%
VISA INC -A	0.83%
NESTLE SA-REG	0.79%
JPMORGAN CHASE & CO	0.75%

Pays	%
Etats-Unis	65.70
Japon	8,18 %
Royaume-Uni	4,57 %
France	3,26 %
Suisse	3,23 %
Canada	3,14 %
Allemagne	2,73 %
Australie	2,06 %
Pays-Bas	1,34 %
Hong Kong	1,07 %

Pour suivre l'actualité de cet ETF, tu peux accéder au lien ci-dessous

https://www.amundietf.fr/particuliers/product/view/LU1681043599

Comment choisir un ETF Obligataire ?

Les obligations des sociétés offrent des rendements mais aussi des risques plus élevés que les obligations du Trésor.

La bonne nouvelle c'est qu'il existe également des ETF pour les obligations. Donc tout ce qu'il te à faire, c'est appliquer tout ce que je viens de dire sur les ETF d'actions pour les ETF d'obligations et tu seras fin prêt.

Il existe différentes sortes d'ETF obligataire. Personnellement, il y en a 3 qui attirent mon attention :

1) **iShares Government Bond 1-3 yrs UCITS ETF (ISIN IE00B14X4Q57)**

Cet indice est majoritairement composé d'Obligations d'Etats. Par conséquent, il est particulièrement fiable et sécurisé. Cet ETF distribue des intérêts deux fois par an et les frais courants sont de 0.2% p.a.

En Juillet 2020, la répartition était comme ci-dessous.

Exposure Breakdowns

Type	Fund
Italy	30.38
Germany	26.90
France	21.74
Spain	20.92
Cash and/or Derivatives	0.06

Pour plus d'information, cliques sur le lien ci-dessous :

https://www.ishares.com/uk/professional/en/products/251733/ishares-euro-government-bond-13yr-ucits-etf?switchLocale=y&siteEntryPassthrough=true

2) Lyxor EUR 2-10Y Inflation Expectations UCITS ETF (ISIN LU1390062245)

Celui-ci a pour objectif de nous rémunérer plus que l'inflation. Les frais sont de 0.25% p.a et c'est un ETF de Capitalisation, donc pas de versement d'intérêt sur nos comptes. En 2020, les fonds était investis en France (environs 60%) et en Allemagne (environs 40%).

Pour plus d'information, cliques sur le lien ci-dessous :

https://www.lyxoretf.fr/fr/instit/produits/etf-obligataires/lyxor-eur-210y-inflation-expectations-ucits-etf-acc/lu1390062245/eur

3) Xtrackers USD Corporate Bond UCITS ETF 2D EUR Hedged (EUR) (ISIN: IE00BZ036J45)

Cet ETF est composé de Corporate Bonds, des obligations d'entreprises. Il est donc plus risqué que les autres, mais comme tu dois désormais t'en douter, il offre aussi une rentabilité attendue plus élevée.

Avec des frais courants de 0.21% p.a., cet ETF investit dans des obligations d'entreprises libellées en USD (United States dollar). Pour autant, il n'y a pas de risques liés aux différentes devises car les montants en USD sont couverts en EUR (ce qu'on appelle hedge, une espèce d'assurance contre la variation des taux de divise). Les intérêts sont redistribués.

Pour plus d'information, cliques sur le lien ci-dessous :

https://etf.dws.com/FRA/FRA/ETF/IE00BZ036J45/-/USD-Corporate-Bond-UCITS-ETF

4) Fonds Euros

Celui-ci tu le connais peut-être déjà, il ne s'agit pas d'un ETF, mais des fonds en euros. Ils sont fortement appréciés par les épargnants parce qu'ils possèdent plusieurs atouts :

- La sécurité en capital : La plupart des fonds en euros proposent une garantie en capital totale. En d'autres termes, on ne peut pas perdre sa mise initiale. Parfois la garantie du capital s'entend hors frais de gestion annuels, ce qui signifie que la perte éventuelle se limiterait au montant de ces frais.

- L'effet cliquet : Les intérêts annuels versés sur le fonds en euros sont définitivement acquis. Ils ne peuvent pas être remis en cause. Une fois versés, ces gains génèrent à leur tour des intérêts.

- La disponibilité : Lorsque l'on investit dans un fonds en euros, le capital est disponible, on peut effectuer des retraits (appelés rachat en assurance vie) quand on le souhaite. Il est important de préciser que des mesures conservatoires ont été mise en place par la loi Sapin II qui permet de réduire temporairement la liquidité des contrats (maximum 6 mois) sous certaines conditions.

Néanmoins, en 2020, les rendements étaient en chute libre. C'est une tendance que l'on retrouve aussi pour les ETF obligataires que j'ai mentionnés ci-dessus.

Où dois-je héberger mon portefeuille d'investissement ?

Comme nous l'avons vu, les ETF sont incontournables pour investir facilement dans des actions et des obligations. Leurs faibles coûts et leur large diversification améliorent grandement la relation risque-rendement de ton portefeuille.

Mais il reste une dernière interrogation : quel produit d'épargne faut-il privilégier pour optimiser les frais de gestion, la fiscalité et la performance de ces investissements au long terme ?

Il y a 2 possibilités intéressantes : le PEA et/ou l'Assurance-vie. Étant donné que nous avons déjà évoqué les caractéristiques de l'Assurance-vie, il ne me reste plus qu'à te présenter le PEA.

Le Plan d'Épargne en Actions (PEA)

Il permet d'acquérir et de gérer un portefeuille d'actions d'entreprise européenne, tout en bénéficiant, sous conditions, d'une exonération d'impôt. Un seul PEA peut être ouvert par personne majeure.

Commençons par le principal point négatif : sa liquidité. Il est en effet possible de retirer à tout moment des fonds de son PEA. Cependant, si un retrait est effectué avant le 5ème anniversaire du plan d'épargne, quel que soit son montant, cela entraine la clôture définitive du PEA.

Heureusement, après 5 ans, cette règle ne s'applique plus et les retraits partiels n'entraînent donc plus la clôture du plan. Ainsi, le PEA poursuit son existence, et il est toujours possible de faire des versements. Le retrait peut aussi se faire sous forme de rente viagère.

Le plafond du PEA est de 150 000 € et cette somme ne prend pas en compte les gains réalisés depuis l'ouverture du plan.

La fiscalité appliquée aux revenus du PEA dépend de la date des retraits.

Après 5 ans, les plus-values réalisées ne sont pas imposables sur le revenu, mais elles sont soumises aux 17,20% de prélèvements sociaux (CSG, CRDS).

Si tu clôtures ton PEA avant ses 5 ans, le gain net que tu auras réalisé depuis l'ouverture du plan sera imposé au taux de 12,8% + les 17.20% de prélèvements sociaux (CSG, CRDS). Soit un total de 30%, que l'on appelle « *flat tax* ».

Ce taux de 30% s'applique sur la différence entre a) la valeur liquidative du PEA à la date du retrait et b) et le montant des versements effectués sur le plan depuis son ouverture.

Par exemple : si tu as investi 20 000€ sur ton PEA mais que sa valeur totale à la date du retrait est de 30 000€, la *flat tax* ne s'appliquerait que sur les 10 000€ de différence. Par conséquent, l'impôt et les prélèvements sociaux s'élèveraient à 3 000€.

Assurance-vie ou PEA ?

Les deux sont efficaces pour se constituer un portefeuille capable de booster son patrimoine, chacun a ses avantages et ses inconvénients par rapport à l'autre.

Personnellement, je préfère le PEA car les frais de gestion sont moindres. Avec un PEA, on ne paye que les frais de gestion liés aux ETF que l'on possède. Comme nous l'avons déjà vu, ils vont de 0,20 % à 0,50 % par an. Il n'y a pas d'autres frais.

À l'inverse, la possession d'ETF dans un contrat d'assurance-vie occasionne des frais de gestion en unités de compte (UC), en plus de ceux des ETF. Dans un contrat d'assurance-vie ces frais représentent au minimum 0,50 % de frais supplémentaires par an. Ce chiffre peut paraître faible mais ce coût s'applique chaque année sur l'encours, ce qui conduit à des frais totaux énormes au bout de plusieurs années de détention. C'est l'équivalent du taux annuel du Livret A en 2020, par exemple ! Par la même occasion, l'effet boule de neige des intérêts composés sera également freiné. Étant donné que le but principal de la case « Booster ton Patrimoine » est de se focaliser sur le rendement, je préfère le PEA.

Attention, ça ne veut pas dire que l'Assurance-vie est inutile ! Le contrat d'assurance-vie possède aussi des avantages. Dans un premier temps, il permet d'investir dans des Fonds Euros (avec la garanti du capital investi), ce qui est très intéressant pour se constituer la partie *safe* du portefeuille (celle avec des revenus fixe).

Ensuite, le montant de tes investissements n'est pas limité, contrairement au PEA où les apports au compte sont limités à 150 000 € par personne.

De plus, les retraits sont toujours possibles avec une Assurance-vie. Ils n'entraînent pas de clôture même si, avant 8 ans, on perd l'avantage fiscal.

Enfin, l'assurance-vie est intéressante lors des successions car les bénéficiaires inscrits aux contrats ne payent pas de droit de succession. Il est aussi possible de nantir le contrat pour garantir un prêt immobilier, par exemple.

Selon moi, la meilleure option est d'investir dans un PEA, mais si tu as déjà un contrat d'Assurance-vie, il n'est pas nécessaire de le clôturer. Une combinaison des deux options fonctionne aussi. L'inconvénient dans ce cas-là, c'est qu'il ne sera pas si simple de rééquilibrer ton portefeuille entre les titres à revenus fixes et ceux à revenus variables. Dans un PEA, on peut toujours vendre un ETF pour en acheter un autre. Tant qu'il n'y a pas de retrait, il n'y a pas de problème.

Avant de passer à un autre sujet, je voulais préciser que même si le PEA est connu comme un produit d'épargne qui permet d'acquérir un portefeuille d'actions d'entreprise uniquement européenne, il ne se limite pas à ça. Il est possible d'acquérir des ETF d'Actions et d'Obligations de différentes régions du monde comme ceux que j'avais présentés plus tôt (par exemple l'ETF Amundi MSCI World). En effet, ces ETF sont investis de manière synthétique (en utilisant d'autres recours financiers afin de pouvoir répliquer la performance de son indice de base) contrairement au plus traditionnel (qu'on appelle manière physique) qui consiste à acheter directement tous les composants de l'indice (par exemple les 40 entreprises du CAC40) afin de répliquer au mieux l'indice.

Par conséquent, avec un PEA, tu n'es pas contraint de posséder uniquement des actions européennes, tu peux acquérir des ETF d'obligations et des ETF d'actions de différentes zones géographiques.

Ce que tu dis est très intéressant mais je préférerais une approche plus simple ...

J'adore le monde de la finance et de l'investissement, c'est la raison pour laquelle j'ai choisi d'y consacrer ma vie. Tu peux trouver que je suis un mec bizarre mais je suis enthousiaste rien qu'en pensant à l'allocation d'actifs.

Je sais que certaines personnes ressentent la même chose que moi. Mais j'ai aussi conscience que pour certain, c'est tout à fait différent. Si c'est ton cas et que tu n'as pas envie d'avoir à équilibrer ton portefeuille tous les trimestres mais que tu as aimé ce que j'ai décrit auparavant, tu peux investir dans des fonds onds à date cible, aussi connus sous l'appellation fonds cycle de vie. Pour faire simple, ces fonds réalisent la majeure partie des opérations que j'ai décrites auparavant. C'est pourquoi, si tu choisis d'investir dans ce genre de fonds, tu devrais malgré tout bien t'en sortir même si tu payes quelqu'un pour faire le rééquilibrage à ta place. C'est à toi de choisir ce que tu préfères.

Donc ...

Pour résumer, mon but ici est de te montrer comment créer le meilleur portefeuille possible. L'objectif est d'obtenir un ratio Rendement-Risque équilibré et d'adopter une méthode qui te permet d'économiser beaucoup de temps en t'évitant de faire des recherches et des efforts infructueux.

Si tu suis ces règles simples, tu auras de grandes chances d'acquérir une véritable sécurité financière et tu seras capable d'atteindre les objectifs financiers les plus ambitieux que tu te seras fixé. Tout ça en utilisant que ton intelligence et quelques raccourcis raisonnables.

Mais attention : tu dois utiliser la stratégie du Cycle de la Vie uniquement pour les investissements qui te permettront d'augmenter tes revenus, pas pour ton Épargne de Précaution par exemple.

À présent, je pense qu'un résumé s'impose.

- Ta priorité est, avant tout, de te constituer une Épargne pour tes Dépenses à Court et Moyen Terme
- Ensuite, tu dois te constituer une Épargne de Précaution au moins égale à la moyenne de tes dépenses sur 3 mois. Une fois que tu auras atteint 1/3 de ton objectif final, tu pourras réduire le montant de tes versements jusqu'à ce que tu atteignes la somme finale. Ton Épargne de Précaution doit être constitué d'investissements sécurisés et possédants une forte liquidité.
- Épargne dès à présent pour ta retraite afin de maintenir ton niveau de vie actuel toute ta vie. Pour cet objectif il faut que tu privilégies des investissements sécurisés et à long terme (faible liquidité).
- Une fois que tu as constitué 1/3 de ton Épargne de Précaution et que tu es sur la bonne voie pour alimenter ton Fonds de Retraite, tu peux commencer à investir générer des revenus supplémentaires. Pour cela, constitues-toi un portefeuille équilibré qui suit la

stratégie du Cycle de la Vie avec des ETF d'actions et d'obligations bien diversifiés.

Pendant ce temps, prépares-toi à subvenir à tes besoins et à tes objectifs à court terme. Il ne faut pas les oublier.

Ci-dessous, tu trouveras un tableau récapitulatif de mes investissements préférés en fonction de mes objectifs d'investissements.

Objectif	Placement	Remuneration	Fiscalité	Liquidité	
Epargne pour les dépenses à court terme	LDDS	0.50%	exoneré à 100%	immediate	✓
Epargne pour les objectives à moyen terme	Assurance Vie	Variable	17.20%	8 ans (ou immediate sans allègements fiscaux)	✓
Epargne de précaution	Livret A (ou LEP)	0.5% (ou 1%)	exoneré à 100%	immediate	✓
Retraite	Plan d'épargne retraite (PER / PERE)	Variable	Les sommes versées déductibles *	Retraite et autres *	✓
Booster le Patrimoine	Portfeuille équilibré ETF Actions et Obligations (dans un PEA ou PEA + Assurance-Vie)	Variable	17.20%	5 ans (ou immediate sans allègements fiscaux)	✓

CHAPITRE VINGT
L'Immobilier

À présent, remontons un peu dans le temps, en 1993. Cette année marque le début de l'accessibilité des navigateurs web au grand public avec, entre autres, la sortie de NCSA Mosaic. Cet évènement a contribué à populariser massivement l'utilisation d'internet et a intronisé une évolution dans la vie de chaque individu de la planète.

Entre 1990 et 1997, la possession d'un ordinateur est passée d'un luxe à une nécessité. Le pourcentage des ménages qui possédaient un ordinateur aux États-Unis est passé de 15% à 35%. C'est le passage à l'ère de l'information, une économie basée sur les technologies de l'information, de nombreuses entreprises ont alors été créés.

Le monde allait définitivement changer.

À la même période, deux facteurs allaient être déterminants. Premièrement, une baisse des taux d'intérêt avait accru la disponibilité des capitaux. Deuxièmement, la *Taxpayer Relief Act* avait été mise en place aux États-Unis en 1997. Elle avait pour effet d'abaisser le montant du principal impôt sur les revenus des américains. Par conséquent, les contribuables étaient incités à investir davantage et notamment dans des investissements plus spéculatifs.

Comme prévu, le nombre d'individus désirant investir a donc augmenté. Mais ces nouveaux investisseurs se souciaient peu de l'évaluation des entreprises dans lesquelles ils voulaient investir tant qu'elles faisaient partie des Point-Com (ou *Dot-Com* en anglais, sont des entreprises qui réalisent la plupart de leurs bénéfices sur internet). Les banques d'investissement, qui ont largement profité des premières introductions en bourse

(*IPO*), ont alimentés la spéculation et ont encouragés à leur tour l'investissement dans les nouvelles technologies.

Une combinaison dangereuse s'est alors mise en place : d'un côté la hausse rapide du cours des actions des entreprises du secteur technologique, d'un autre la confiance irrationnelle des individus en la capacité des entreprises à réaliser des bénéfices. En effet, de nombreux investisseurs ignoraient alors les paramètres traditionnels, tels que le rapport cours-bénéfice. Cette confiance démesurée dans les nouvelles technologies allait mener à une bulle boursière.

Entre 1995 et 2000, l'indice boursier Nasdaq Composite[3] avait augmenté de 400% et son ratio cours / bénéfices était de 200 (en gros, ça veut dire que si 100% des bénéfices de ces entreprises étaient distribués à leurs actionnaires, ils devraient attendre 200 ans pour récupérer le montant qu'ils ont investi). Ce nouveau ratio éclipsait ainsi le plus haut ratio cours / bénéfices enregistré jusqu'ici à 80 par le Nikkei 225 (indice japonais) lors de la bulle des prix des actifs au Japon au début des années 1990.

Les montants investis par des particulier était sans précédent pendant le boom. Il était courant d'entendre des histoires au sujet d'individus qui quittaient leur travail pour se lancer dans le *trading* à plein temps.

Au pic du boom, certaines entreprises dot-com prometteuses pouvaient ouvrir leur capital via une introduction en bourse et lever d'importantes sommes d'argent même si elle n'avait jamais réalisé de profit – ou bien, dans certains cas, de revenus.

Les employés qui avaient reçu des options d'achat d'actions de la part de leurs employeurs étaient devenues instantanément millionnaires - sur le papier - lorsque l'entreprise en question avait réalisé son introduction en bourse. Cependant, la plupart

---

[3] Indice qui rassemble les plus grandes entreprises américaines du secteur des nouvelles technologies

des employés ne pouvaient pas vendre leurs actions à cause de la période de blocage.

La manie des entreprises dot-com à dépenser

La plupart des entreprises dot-com subissaient des pertes d'exploitation nettes. Elles dépensaient sans compter en frais de publicité et en promotions pour exploiter les effets de réseau. Elles voulaient aussi bien gagner des parts de marché que se faire connaitre aussi vite que possible. Elles utilisaient des slogans tels que "grandir vite" et "grandir ou perdre". Ces entreprises avaient offert leurs services ou leurs produits gratuitement ou à prix réduit dans l'espoir de pouvoir développer suffisamment la notoriété de leur marque pour facturer des tarifs rentables par la suite.

Ces entreprises favorisaient leur croissance plutôt que leurs bénéfices. L'aura d'invincibilité de la « nouvelle économie » avait conduit certaines entreprises à faire des dépenses commerciales faramineuses et à offrir des vacances de luxe pour leurs employés. Lors du lancement d'un nouveau produit ou site Web, les entreprises organisaient des événements hors de prix appelés « fête dot com ».

La fin de cette histoire, tu la connais peut-être. Mais voici quelques étapes importantes qui précèdent le Krach de la bulle internet.

- Le 10 janvier 2000, America Online annonce une fusion avec Time Warner. C'était la fusion la plus importante à cette date. Elle avait été remise en question par de nombreux analystes.
- En février 2000, Alan Greenspan (Président de la FED) annonce son intention de rehausser de manière agressive les taux d'intérêt. Sa déclaration avait entraîné une forte volatilité sur les marchés boursiers. Les analystes n'étaient pas d'accord sur les effets que pourraient provoquer des coûts d'emprunt plus élevés sur les sociétés de technologie.

- Le 13 mars 2000, le Japon annonce qu'il est à nouveau entré en récession. Cette nouvelle avait déclenché des ventes massives à travers le monde et avait affecté de manière disproportionnée les actions des entreprises du secteur des nouvelles technologies.
- Le 15 mars 2000, Yahoo! et eBay mettent fin aux pourparlers de fusion. Le Nasdaq chute de 2,6%, mais l'indice S&P 500 augmente de 2,4%. Les investisseurs échangeaient leurs titres technologiques performants contres des titres réputés mais peu performants.
- Le 20 mars 2000, Barron publie en première de couverture un article intitulé "Burning Up ; Attention : les sociétés Internet sont à court de liquidités". Il prédisait la faillite imminente de nombreuses sociétés Internet. Cela conduisit de nombreuses personnes à repenser leurs investissements. Le même jour, MicroStrategy annonce une sérieuse correction à la baisse de leurs résultats financiers. Ils avouent aussi avoir artificiellement gonflé leurs résultats pendant les 3 dernières années. Leur cours de bourse avait chuté de 140 dollars par action, soit -62%, en une journée. En une année, la valeur de l'action était passé de 333 dollars à 7 dollars. Le lendemain, la réserve fédérale américaine relève ses taux d'intérêt.
- Le Vendredi 14 avril 2000, l'indice Nasdaq Composite chute de 9%. Il conclut une semaine au cours de laquelle il a baissé de 25%. Les investisseurs avaient été contraints de vendre leurs actions la veille du jour des impôts, date butoir pour payer les taxes liées aux gains réalisés l'année précédente.
- Le 9 novembre 2000, Pets.com, une entreprise très médiatisée qui bénéficiait du soutien d'Amazon.com, a cessé ses activités neuf mois seulement après son introduction en bourse. À ce moment-là, la valeur de la plupart des actions Internet avait diminué de 75% par rapport à leurs sommets, anéantissant ainsi 1 755 milliards de dollars.

La confiance des investisseurs avait été affecté par les attentats du 11 septembre, plusieurs scandales comptables et les faillites qui en ont résulté, notamment le scandale Enron en octobre 2001, le scandale WorldCom en juin 2002 et le scandale Adelphia Communications Corporation en juillet 2002.

À la fin de la récession boursière de 2002, les actions avaient perdu 5 000 milliards de dollars de capitalisation boursière depuis le pic.

Pour contenir la crise, la Fed a baissé les taux d'intérêt du pays afin de stimuler l'économie.

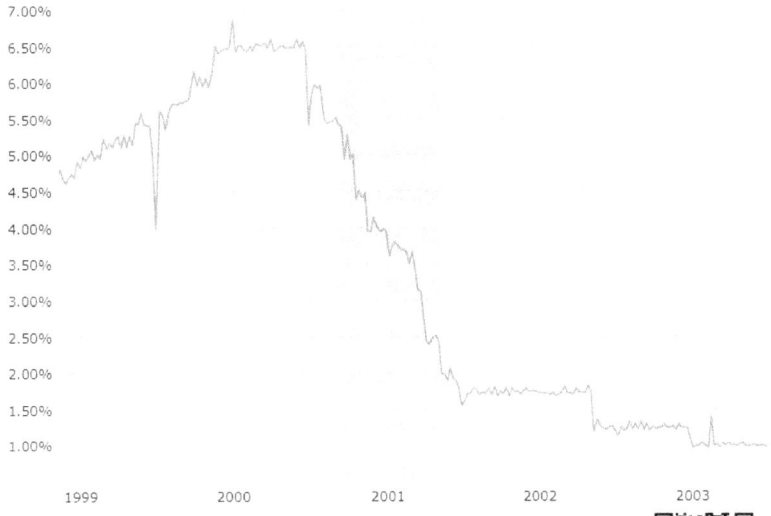

https://www.macrotrends.net/2015/fed-funds-rate-historical-chart

Les taux de la Fed qui était supérieur à 6% par an en 2000 étaient tombés aux environs de 1% en 2003.

Quelle conséquence a l'abaissement des taux sur notre vie quotidienne ? L'argent devient alors abondant et pas cher.

Normalement, les banques investissent leurs fonds dans des obligations d'État et obtiennent ce taux d'intérêt. Cependant, à cette époque, les taux avaient tellement baissés que les banques cherchaient de meilleures façons pour augmenter leurs bénéfices. La bataille entre les banques fait rage sur le marché pour trouver des clients à qui ils pourraient prêter de l'argent avec des taux plus élevés.

Cependant, à cette époque, les taux d'intérêt proposés par les banques étaient de plus en plus bas. Cela a permis d'augmenter la consommation des ménages et c'est ainsi que l'économie américaine s'est redressée.

Maintenant, dis-moi ce qui te viens à l'esprit lorsque tu penses à un bien de consommation dont l'achat dépend essentiellement de prêts bancaires ?

L'immobilier !

Comme les taux d'intérêt liés aux investissements immobiliers baissaient de plus en plus, il était désormais possible d'acheter un logement plus cher en conservant les mêmes revenus qu'auparavant.

Pour te donner une idée, en ayant une mensualité de 1 000$/mois pour un bien immobilier, tu pouvais contracter un prêt d'environ 135 000$ sur 30 ans avec un taux d'intérêt annuel de 8%.

Avec un taux à 2% par an, ces mêmes 1 000$ pouvaient alors te servir à financer un investissement avoisinant les 270 000$. Le double !

Ainsi, puisque le montant nécessaire à l'achat d'un logement était plus accessible, les gens ont réalisé qu'ils pouvaient se permettre de franchir le pas.

Par conséquent, tout le monde a commencé à acheter une maison. Le prix de l'immobilier a donc bondi et plus les prix augmentaient, plus la majorité des gens voulaient profiter de cette croissance et prendre leur part du gâteau. Ils croyaient que les prix continueraient de croître indéfiniment. Les gains générés dans l'immobilier avaient pour effet d'accroître davantage les investissements immobiliers.

L'idée commune selon laquelle, contrairement aux actions, les investissements dans la pierre ne perdent pas de valeur participait à la frénésie des acquisitions immobilières. Pourtant, à l'échelle locale, le prix des logements peut évoluer à la hausse comme à la baisse. Par ailleurs, contrairement aux marchés financiers, les informations du marché immobilier peuvent être facilement cachés car elles sont moins transparentes et organisées.

À la fin de l'année 2005 et en 2006, il y avait une multitude d'émissions télévisées qui promouvaient l'investissement immobilier et le *flipping* (c'est le fait d'acheter une maison puis, peu de temps après, de l'échanger contre une autre). En plus de ces nombreuses émissions, on pouvait aussi apercevoir, dans certaines librairies des Etats-Unis, de grands écrans mettant en avant des livres vantant l'investissement immobilier « Comment devenir riche avec des formules magiques immobilières ».

Mais ce spectacle ne dura pas éternellement. Alors que l'économie retrouvait un niveau d'inflation habituel, la Fed décida de réajuster les taux d'intérêt du pays. Par conséquent, les nouveaux prêts immobiliers sont devenus plus chers.

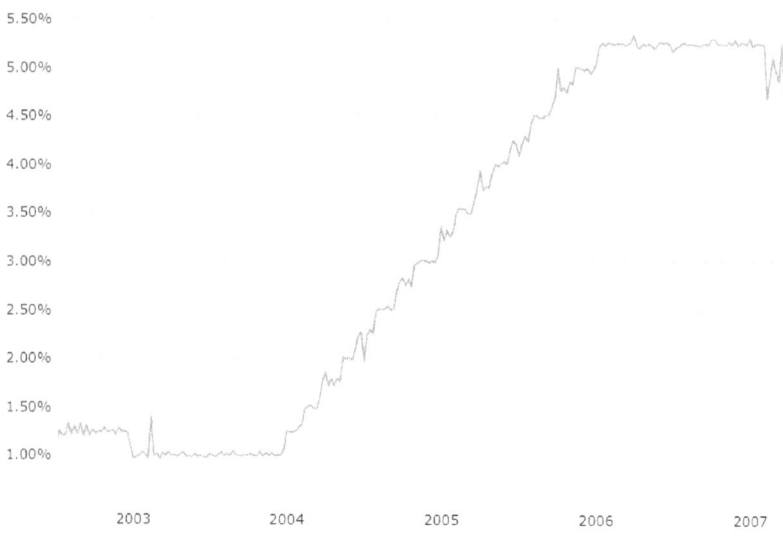

Taux d'intérêt aux US entre 2002 et 2007

Pour ne rien arranger, des prêts de mauvaise qualité avaient commencé à proliférer dans l'économie américaine. Ils étaient connus sous le nom de *subprimes*. Les banques avaient rehaussé leurs taux ce qui diminuait l'accessibilité aux prêts immobiliers. Par ailleurs, étant donné que beaucoup d'américains ont tendances à contracter des prêts à taux variables, cette augmentation a provoquée une forte hausse de leurs mensualités. Il était de plus en plus difficile pour les emprunteurs de rembourser leur crédit immobilier.

Tout cela a conduit à l'éclatement de la bulle immobilière, prélude de la crise financière de 2008/09.

Quel est le message que je veux transmettre ici ? Il existe une forte corrélation entre les taux d'intérêt et le prix de l'immobilier dans toutes les économies du monde. Donc, sans surprise, les prix des logements en France et dans le reste de l'Europe ont beaucoup augmenté ces dernières années.

La première et principale raison à cela est que la plupart des acheteurs ont recours à des prêts bancaires pour financer leurs achats, comme je l'ai déjà mentionné ci-dessus. Mais il existe une autre raison, c'est l'analyse des coûts d'opportunité. Qu'est-ce que ça veut dire ?

Cela signifie que lorsque les taux d'intérêt sont élevés, les investisseurs sont tentés de maintenir leurs investissements dans des produits bancaires à revenu fixe pour maximiser leur rendement avec un risque faible. C'est logique, non ? Mais lorsque les taux d'intérêt baissent, les investisseurs sont amenés à chercher d'autres types d'investissements susceptibles d'augmenter leurs rendements. C'est ainsi que certains d'entre eux trouvent des opportunités sur le marché immobilier. Cela a pour effet d'augmenter la demande de biens immobiliers et, par conséquent, leur prix.

Les taux d'intérêt sont l'un des facteurs qui influencent le plus l'évolution du prix des logements. Pour autant, ils sont loin d'être les seuls. Il en existe d'autres qui sont aussi importants, tel que :

- L'Activité économique, représentée par des indicateurs comme la croissance, l'augmentation des revenus et le taux de chômage. Plus le taux de chômage est élevé, plus la pression sur les prix des logements est faible. Au contraire, lorsque le PIB augmente, le prix des logements ont également tendance à augmenter et, évidemment, en période de crise économique, les prix ont tendance à baisser.
- Les lois, les règlementations et la fiscalité jouent aussi un rôle important. Plus un gouvernement protège les locataires, plus le risque est élevé pour les propriétaires bailleurs en cas d'impayés. In fine, cette protection a un impact négatif sur le prix des logements. À l'inverse, si l'on accorde plus de liberté aux bailleurs, on pourra observer le résultat inverse.
- La demande, lorsqu'elle est élevée, fait grimper les prix. C'est un principe valable pour dans tous les secteurs. Mais dans l'immobilier, on la retrouve aussi bien sur le marché de l'ancien que du neuf. Car dans les quartiers où tout est déjà construit, en plus du prix élevé

de la construction, le prix du foncier aussi est cher, du fait de la demande.

Il s'agit d'une relation fondamentale entre l'offre et la demande. Si les gens déménagent à cet endroit pour une raison quelconque, les prix augmenteront.

Au siècle dernier, le monde a connu un *baby-boom*, entre les années 40 et les années 60. Cette augmentation de la natalité combinée à l'augmentation de l'espérance de vie des individus, a entraîné une croissance de la population mondiale de 2,5 milliards de personnes en 1950 à près de 8 milliards en 2020.

Au début du XXe siècle, l'idée selon laquelle la population française était insuffisante était très répandu, surtout par rapport à l'Allemagne qui était plus puissante. Des politiques pro-natalistes ont donc été proposées dans les années 30 et mises en œuvre dans les années 40. De plus, le solde migratoire de la France était positif. Il y avait un flux régulier d'immigrés venants majoritairement des anciennes colonies françaises d'Afrique du Nord. La population de la France est passée d'environ 40 millions en 1946 à près de 70 millions en 2020 (en 2004, la France avait le deuxième taux de natalité le plus élevé d'Europe).

Alors, devines quoi ? Tous ces gens ont besoin d'un endroit où vivre et dormir. Par conséquent, le prix des logements a augmenté au cours des dernières décennies, en particulier dans les grands centres-villes tels que Paris, New-York et Londres. Pourquoi ? C'est simple, on peut toujours construire de nouvelles maisons, mais on ne peut pas augmenter le nombre de terrains ou d'espaces vides dans des endroits déjà occupés (en tout cas, pas pour le même prix).

À présent, les perspectives ne sont plus si prometteuses. Il n'y a plus de baby-boom, les taux de fécondité diminuent partout dans le monde (jusqu'en 2017, le taux de fécondité moyen dans la région de l'OCDE a pratiquement diminué de moitié par rapport aux années 1960), même si une partie de cet effet est compensé par l'augmentation de l'espérance de vie.

Le conseil à mon amie Lilly

La plupart des gens rêvent de pouvoir posséder, un jour, leur propre logement. Leurs raisons sont variées. Parmi les plus populaires, on retrouve l'idée que le prix de l'immobilier augmente toujours et l'idée que payer un loyer se résume à jeter de l'argent par les fenêtres. En réalité, ces deux croyances sont fausses.

En s'intéressant à ces idées reçues, plusieurs économistes ont cherché à démystifier ces sujets pour le grand public.

En ce qui concerne l'idée que l'immobilier ne perdrait jamais de valeur, disons simplement que… hmm, ce n'est pas le cas.

La crise immobilière des États-Unis, comme nous l'avons vu, en est un bon exemple, et ce n'est certainement pas le seul. Rien ne peut nous garantir que l'augmentation des prix de l'immobilier est permanente. Mais honnêtement, cela ne devrait pas nous empêcher d'investir dans la pierre, non ? Après tout, le cours des actions n'augmente pas toujours non plus.

D'autres considèrent le paiement d'un loyer comme une perte nette d'argent. Je ne comprendrai jamais cela. J'imagine que pour ces gens, acheter de la nourriture et voyager, c'est aussi gaspiller son argent.

Payer un loyer ce n'est pas jeter de l'argent par la fenêtre. Il y a un coût pour tout dans la vie et le logement n'est pas une exception. L'achat de votre propre logement est également un coût : le grand coût de l'opportunité. Par ailleurs, à court terme, il peut être plus intéressant d'être locataire que d'acheter un logement dans lequel nous ne sommes pas certain d'y rester longtemps. Car, si l'augmentation du prix de l'immobilier sur le secteur n'est pas très forte ou si le bien n'a pas été acquis en dessous de la valeur du marché, il y a un risque de faire une moins-value lors de la revente. En effet, de nombreux frais sont à prendre en considération lorsque l'on est propriétaire. En voici quelques exemples : les frais de notaire (qui représentent en moyenne 7,5% du prix d'acquisition lors de l'achat), les éventuels travaux et achat de mobilier, la taxe foncière, les charges de copropriétés (si c'est un appartement), les possibles frais d'agence lors de la revente, etc.

Bien sûr, au long terme, il est préférable d'être propriétaire de sa résidence principale (en constituant une épargne pour chaque dépense liée à son logement bien sûr, comme nous l'avons dans le chapitre dédié à l'épargne pour les dépenses à court et moyen terme) mais ce n'est pas une règle générale. Chacun, en fonction de sa situation, doit peser le pour et le contre avant d'acquérir sa résidence principale.

Pour illustrer mon propos, laisse-moi te raconter l'histoire de mon amie Lilly, qui avait 27 ans lorsqu'elle est venue me demander des conseils.

Elle avait trouvé un appartement à louer qui l'intéressait beaucoup. Cependant, elle avait appris le jour même qu'il était aussi à vendre. Le prix demandé pour l'appartement était de 400 000€. Le loyer était de 1 200€ par mois. Elle était ravie car elle avait obtenu de la part de sa banque une offre de prêt qui finançait 80% du prix total de l'appartement, si elle faisait un apport de 80 000€ (elle en possédait la plupart et ses parents allaient combler le reste). Grâce à cela, elle paierait moins de 2 000€ par mois pour avoir son propre appartement. Elle pouvait ainsi acheter sa résidence principale en payant 800€ de plus par mois que si elle était locataire.

Elle était très enthousiaste, et dans ce genre de situation, je ne dis jamais rien. En particulier lorsque je ressens chez la personne un engouement très fort, comme celui qu'elle avait à ce moment-là. Je me contentais alors de faire rebondir ma tête pour partager son excitation. J'ai commandé des bières pour célébrer la grande victoire que représentait l'acquisition de sa résidence principale à ses yeux. De plus, elle était si jeune, c'était une grande réussite pour elle ! Tout le monde était ravi de partager sa joie.

Tout allait bien jusqu'au moment où elle s'est tournée vers moi et m'a demandé naïvement « qu'en penses-tu, Riko? ». Cette question avait complètement bouleversé le ton de la conversation. Soudain, l'endroit semblait être devenu plus sombre, mes yeux jusqu'ici ceux d'un bon ami, heureux de partager sa joie sont devenus beaucoup plus sombres. Elle avait réveillé l'économiste qui sommeille en moi. Les gens ont tendance à penser que nous, les économistes, sommes têtus, égocentriques, arrogants, froids, et que nous nous considérons comme des êtres omniscients…

Effectivement, ça décrit parfaitement qui nous sommes.

Alors, j'ai commencé à lui expliquer ma vision des choses. Je lui ai dit qu'elle pourrait également investir ses 80 000€ dans des actifs financiers. Ces investissements pourraient atteindre un rendement annuel d'environ 5% par an. Ensuite, elle pourrait également investir les 800€/par mois qu'elle économiserait si elle préférait louer plutôt qu'acheter, car elle paierait un loyer de 1 200€ plutôt qu'une mensualité d'environ 2 000€.

30 ans plus tard, si elle avait choisi de contracter son prêt, elle viendrait de finir de le rembourser et serait à présent pleinement propriétaire de son appartement. Mais si elle avait choisi de rester locataire, elle aurait déjà pu investir un million d'euros.

J'ai poursuivi en lui demandant ce qu'elle ferait en cas d'urgence, comme par exemple une perte d'emploi soudaine, étant donné que ses 80 000€ sont tout ce qu'elle possède et qu'elle les utilise intégralement pour financer sa résidence principale.

J'étais en train de sauver sa vie financière et je voyais qu'elle comprenait mon point de vue, j'ai donc continué.

La plupart des gens pensent qu'il est prudent d'acheter sa maison. Mais si c'est leur seul investissement, comment peuvent-ils imaginer que leur portefeuille est diversifié ?

Et ces 800€ supplémentaires par mois que tu vas consacrer à ton prêt, vont-ils être utilisés pour de la diversification ? Nooon.

Par ailleurs, mon raisonnement est encore simplifié ici car, encore une fois, lorsque tu deviens propriétaire, tu deviens alors redevable de nombreuses charges que tu n'as pas en tant que locataire : travaux, charges de copropriétés, taxe foncière ...

De plus, lorsqu'on achète un bien immobilier, on pense que le montant du bien est l'unique prix à payer, n'est-ce pas ? Mais ce n'est pas du tout le cas !

En fait, on doit dans un premier temps payer les frais d'agence si les honoraires sont à la charge de l'acquéreur, puis payer les frais de notaire. Enfin, concernant le prêt bancaire, en plus des mensualités et de l'intérêt du prêt, il ne faut pas oublier les différents types de frais et d'assurances.

Tout cela nous est généralement caché lorsque les gens disent que la valeur de leur propriété a augmenté de X%.

Même si certaines propriétés peuvent véritablement être de bons investissements, le prix Nobel Robert Shiller a constaté que de 1890 à 2019, les prix des maisons ont augmenté en moyenne de 0,6% par an (après prise en compte de l'inflation) aux Etats-Unis. À titre de comparaison, le rendement réel moyen du S&P 500 au cours de la même période était de 7% par an.

Elle me regardait d'un air étonné, comme si je lui faisais découvrir un nouveau monde. Finalement, ce n'est pas si mal parfois d'être économiste.

J'ai encore poursuivi mon raisonnement. Je ne dis pas ici que je déconseille à tout le monde d'acheter de l'immobilier. Là où je veux en venir, c'est que selon moi, l'immobilier est une excellente source de diversification, notamment parce qu'il s'agit d'un investissement non financier. Rien n'empêche l'investissement immobilier, s'il est fait au bon moment, qu'il permet de rapporter autant, voire plus, que de bons investissements financiers, surtout aux moments où les taux d'intérêt sont bas. Ce n'est pas normal, mais cela peut parfois arriver.

La question n'est donc pas de savoir s'il est intéressant ou non d'investir dans l'immobilier, mais plutôt de savoir si à l'instant T l'acquisition d'un bien représente une bonne opportunité.

L'achat d'un bien immobilier peut être rentable, dans une certaine mesure, et être un facteur de sécurité et de stabilité dans ta vie. Mais être tributaire d'une dette pendant plus de 20 ans sans avoir ne serait-ce qu'une épargne de précaution est tout sauf une preuve de sécurité et de stabilité.

La décision d'acquérir un logement est valable uniquement si ta vie financière est sur la bonne voie. C'est pourquoi c'est l'investissement à effectuer en dernier.

Ma vision de l'immobilier est partagée entre d'un côté une source de dépenses et d'un autre une opportunité d'investissement et de diversification. L'achat d'une maison nous apporte une certaine satisfaction. Par exemple, il est rassurant de savoir que nous ne serons jamais expulsés par un propriétaire. Il est agréable de savoir que tu peux rénover ta maison comme tu le souhaites, casser des murs, en construire d'autres et dépenser de l'argent pour y ajouter de la modernité. Autant d'actions qui sont limitées lorsque tu es locataire car tu te dis toujours : « Je ne dépenserai pas d'argent pour améliorer quelque chose qui n'est pas à moi ».

Par la suite, je lui ai répété que selon sa situation actuelle, cette opportunité ne semblait pas correspondre à un bon investissement car c'est le seul bien qu'elle pourrait acquérir avant un bon moment et, donc, ce n'est même pas un véritable investissement.

Si je m'étais arrêté là, mes arguments auraient pu suffire pour la convaincre, mais je voulais poursuivre mon raisonnement.

J'ai alors continué en lui rappelant qu'actuellement, elle n'est pas encore mariée, qu'elle n'a pas encore d'enfants et que, par conséquent, elle ne sait pas encore où elle voudra vivre dans quelques années. Il est probable que cet appartement ne réponde plus du tout à ses besoins avant même qu'elle finisse de rembourser son prêt.

Tu ferais mieux, dans un premier temps, d'économiser pour tes dépenses à court et à moyen terme. Puis, d'avoir pour objectif de te constituer une épargne de précaution. Une fois ces deux étapes réalisées, tu pourras consacrer une partie de ton revenu pour investir afin de préparer ta retraite. Enfin, tu pourras commencer à te constituer un patrimoine pour te générer des revenus supplémentaires.

Une fois que tu auras validé toutes ces étapes, tu pourras commencer à t'intéresser aux investissements dans l'immobilier.

Ce conseil n'a de valeur que pour ceux qui savent ce qu'ils font. Sinon, le « rêve » de devenir propriétaire peut vite se transformer en cauchemar et non des moindres.

Pour conclure - ai-je dit en me préparant pour le grand final - si tu y réfléchis bien, toutes les choses que tu crois posséder dans ta vie, en réalité, tu ne fais que les louer. La vie est courte, Lilly. Donc, peu importe si tu penses que tu achètes ou loues la propriété. En vérité, tu payeras une mensualité ou un loyer dans tous les cas. De fait, tu seras amené, de toute manière, à louer aussi longtemps que tu vivras.

Nous ne possédons pas grand-chose dans nos vies car elle passe très vite, nous louons tout.

La différence est davantage liée au paiement : en une seule fois (achat) ou par versements (loyer). Selon ton avancé dans ta vie, tu peux choisir le paiement qui te semble le plus logique.

Et voilà, je lui avais donné un cours d'économie, tout à fait bénévolement. J'avais répondu à toutes ses questions de manière simplifiée et directe. - De rien, Lilly ! - À ce moment-là, je savais que mon explication avait modifié sa décision et, en plus que cela, cela changerait même probablement la façon dont elle considère les décisions économiques de sa vie. J'avais accompli mon devoir d'économiste et d'ami.

Mais, il s'avère qu'à la place, elle m'a jeté un regard fâché et m'a traité de crétin insensible pour avoir dit tout cela. Ensuite, j'ai su qu'elle avait finalement maintenu sa décision d'acheter l'appartement et nous ne nous sommes plus parlé de la soirée.

Ah! Et, en effet, elle a acheté l'appartement, malgré tout.

Tu imagines ?

Mon Dieu, les gens peuvent être très sensibles lorsqu'il s'agit de l'achat de leur résidence principale !

L'achat d'une maison ne se résume pas à une simple prise de décision rationnelle. Il y a énormément d'émotions en jeu. C'est un symbole de réussite de nos jours.

Si tu y réfléchis bien, lorsque nous parlons de la réussite financière des autres, nous mesurons généralement la réussite immobilière des personnes en question. Il est difficile de savoir combien d'actifs financiers nos amis possèdent, mais nous savons tous combien de biens immobiliers ils possèdent. Nous utilisons donc cela pour mesurer leur niveau de réussite financière.

Mais parfois, c'est tout ce que ces gens possèdent. Ils n'ont pas d'épargne pour leurs dépenses à court et moyen terme, pas d'épargne de précaution, pas de fonds de retraite, pas d'actions ni d'obligations, rien d'autre que de l'immobilier.

Certains ne se soucient même pas de devenir riches, ils se soucient de paraître riches. Ils veulent seulement montrer au monde ce qu'ils ont réalisé. Ce n'est pas rationnel.

Pour être honnête, cette conversation que Lily et moi avons eu au restaurant (c'est plutôt un monologue d'ailleurs), eh bien, elle ne s'est jamais produite. Je l'ai inventé. Je ne connais même pas de Lilly. Mais qu'est-ce que ça change ? Cette discussion aurait pu arriver, non ?

Cette histoire imaginaire me permet de mettre en valeur ma vision des choses.

Même si c'est vrai qu'il existe des moments plus appropriés pour investir dans l'immobilier, ce qui importe le plus n'est pas l'environnement économique mais bien la période de ta vie dans laquelle tu te situes.

Tu me trouves peut-être un peu pessimiste par rapport à l'investissement immobilier, mais ce n'est pas du tout le cas. En réalité, il est très facile de défendre l'investissement immobilier et il y a probablement beaucoup d'arguments en sa faveur que tu connais déjà. C'est pourquoi je voulais apporter un point de vue différent, le mien.

Pour conclure, je pense qu'à un moment donné, nous devrions tous essayer de devenir propriétaire de notre résidence principale. Mais on ne peut pas faire cela avant d'avoir une vie financière saine constitué d'une épargne de précaution, d'un fonds de retraite et d'autres types d'investissements. C'est ça ma vision de l'investissement immobilier.

Investir dans l'immobilier en France

Je pense qu'il est important d'avoir pour projet d'acquérir sa résidence principale. En particulier de nos jours, où, en France, les taux d'intérêt sont très bas.

En ayant une vision mathématique, on se rend compte qu'en moyenne – et cela varie bien évidemment d'un endroit à un autre – les loyers annuels que verse un locataire représentent environ 4% du prix du bien.

De nos jours, si tu utilises ton argent pour investir dans un bien immobilier, même de qualité, tu ne devrais pas avoir de mal à être en dessous de ce pourcentage.

Par ailleurs, il est très probable qu'une banque t'aide pour financer ton bien et te propose un prêt avec un taux bien inférieur à 4%.

C'est donc une très bonne idée d'acheter un bien immobilier.

Mais encore une fois, j'insiste, cela ne peut se faire sans planification. Elle fait partie de la 4ème étape, à savoir : 1) avoir tes économies pour les dépenses à court et moyen terme, 2) avoir ton épargne de précaution ; 3) commencer à épargner pour la retraite ; 4) entamer une stratégie à long terme pour s'enrichir.

À présent, j'ai confiance en toi et j'espère que tu as bien intégré ces étapes car je ne les répéterai plus.

Où te conseillerais-je d'investir tes économies pour acheter ta propre maison ? La réponse : les SCPI (Sociétés civiles de placement immobilier).

C'est un placement d'épargne sécurisé qui met l'immobilier à la portée de chacun : quelques centaines d'euros suffisent pour y investir.

Lorsque tu investis dans une SCPI, tu détiens alors de l'immobilier sous la forme d'une part d'un parc existant et non pas de l'immobilier pur. Cet investissement est alors géré par une société de gestion.

Il est intéressant d'intégrer des SCPI à ton contrat d'assurance vie (parmi les unités de compte) pour profiter aussi des avantages fiscaux de l'assurance vie. Mais attention aux frais, ils peuvent être très élevés.

Il faut savoir que le capital n'est pas garanti, mais que le risque est moindre comparé aux actions et que le rendement est normalement beaucoup plus élevé que celui du Livret A (moyenne de 6.2% p.a. vs. 1.5% du Livret A, entre 2010 et 2015).

Investir dans les SCPI c'est aussi un bon moyen pour se protéger des variations des prix de l'immobilier jusqu'à ce que tu acquières ta résidence principale. C'est un moyen de profiter du marché immobilier sans y être directement.

Une fois que tu auras atteint le montant nécessaire, tu pourras transformer tes parts de SCPI en apport et voilà !

Acheter ta propre maison est plus intéressant qu'investir dans des SCPI, même si ce dernier apporte certains avantages (notamment en termes de diversification et de liquidité).

Tous les investissements sont évalués en fonction de leur rendement et du risque qu'ils représentent. Alors, quand tu investis dans ta résidence principale, tu connais déjà très bien le locataire : toi-même.

C'est pourquoi, investir dans sa résidence principale peut être considéré comme un meilleur investissement qu'un bien locatif.

En effet, en tant que bailleur tu auras toujours des risques de vacance locative et/ou d'impayés – sachant que, comme je l'avais déjà précisé, les locataires n'ont naturellement pas le même intérêt de maintenir l'immeuble en bon état que le propriétaire. C'est qui a pour conséquence d'augmenter le coût d'entretien de l'immeuble.

Avant de conclure cette partie, il est important de dire que certaines personnes en fonction de leurs revenus annuels, ont droit à un prêt à taux zéro. Inutile de préciser que cela vaut vraiment le coût !

La partie Immobilière de ton Tableur de Planification Financière

Lorsque tu es amené à payer les mensualités de ton emprunt immobilier ou à épargner pour effectuer un futur apport, une question reste en suspens : devrais-je considérer ces charges comme des investissements ou des dépenses ?

Je vois 3 réponses possibles. Je vais te présenter ces méthodes de la plus simple à la plus complexe. Sachant qu'ici, la complexité rime avec précision et justesse.

1) **Considère-les comme un Investissement** : cette méthode est plus adaptée pour les propriétaires bailleurs que les propriétaires occupants. Les charges sont alors comptabilisées au sein des Investissements et les loyers apparaissent comme des Revenus qui proviennent des Investissements.

2) **Considère-les comme une Dépense** : Je te recommande cette méthode si tu es déjà propriétaire de ta résidence principale (ou que tu as l'intention de l'acquérir et que tu es actuellement en train d'épargner pour ça.) Si tu ne considères pas l'acquisition de ta résidence principale comme un investissement mais plutôt comme une simple dépense, alors tu peux rassembler ces charges dans la case « dépenses ». Avec cette méthode, l'argent que tu mets de côté pour effectuer un apport devrait être considéré comme

une épargne pour une dépense à court et moyen terme et les mensualités de ton emprunt comme une dépense récurrente.

3) **Fais un mélange des deux, Dépenses et Revenus + Investissement** : C'est la méthode que je préfère pour les propriétaires occupants dit « accédant » car ils continuent de payer pour l'acquisition de leur résidence principale. Je comprends que ça puisse être plus complexe mais, au final, on y gagne en transparence et en exactitude. Étant donné que l'achat de sa résidence principale est souvent un mélange entre une dépense et un investissement, je te conseille de faire apparaitre ces deux éléments dans ton tableur. Comme je l'ai dit auparavant, nous payons tous pour vivre, il y aura toujours des frais liés à notre logement. Mais soit tu décides de payer toutes ces dépenses d'un coup en achetant ta résidence principale, soit tu le fait au fur et à mesure en louant. C'est pourquoi je te conseille de toujours consacrer une somme d'argent équivalente à un loyer dans ton tableur même si tu es propriétaire de ton bien. Cette somme doit correspondre au loyer qu'un locataire payerait s'il louait ton bien. C'est un montant théorique.

Ensuite, tu pourras considérer cette somme comme le Revenu d'un Investissement. En cumulant ces deux montants on obtient zéro, je sais. Mais ça reflètera le véritable coût de ta vie ainsi que la valeur de ton investissement immobilier.

De plus, tu devras considérer le coût de ton emprunt immobilier comme un investissement. Pour illustrer mes propos, prenons l'exemple de mon amie imaginaire, assez émotive, Lilly. À sa place, je comptabiliserais 1 200€ (ce montant est théorique mais repose sur la valeur locative actuelle de son bien sur le marché) aussi bien comme une dépense locative qu'un revenu d'Investissement. Ensuite, je comptabiliserais les 2 000€ de mensualités liées à l'emprunt immobilier dans la catégorie Investissement. Rappelle-toi qu'ici qu'il n'y a pas de sortie d'argent concernant les 1 200€ de loyer, mais on le comptabilise quand même. En réalité, la meilleure manière pour comprendre ce principe est d'imaginer qu'on loue son logement à soi-même. Il n'est pas question de ne plus comptabiliser les coûts d'entretien, mais de contrebalancer ce coût avec le rendement de mon investissement. Je fais tout apparaitre dans mon tableur pour avoir une vision précise de mes frais de logement ainsi que du rendement de mon investissement. De cette manière, j'apporte de la clarté et de la visibilité aussi bien au rendement de mon investissent qu'à mon niveau de vie. Il y a bel et bien un coût pour que tu vives dans ton logement actuel, mais si tu en es propriétaire : c'est le coût d'opportunité. Tu peux toujours décider de le louer à quelqu'un d'autres et gagner cette somme. Par exemple, si tu manques d'argent, tu pourrais prendre la sage décision de louer ton logement actuel pour louer un logement moins cher. Quand tu décides de vivre dans ton propre bien immobilier, tu abandonnes l'idée de recevoir des loyers. C'est un coût que tu ferais mieux de comptabiliser. C'est bien d'avoir cette visibilité car le « loyer que tu payes à toi-même » pourrait être une dépense cachée dont tu pourrais avoir envie d'enlever si tu connaissais son existence.

Comme je te l'ai dit, tu pourrais déménager dans un autre logement où les loyers seraient moins chers (par exemple 800€/mois) et continuer à gagner les revenus du bien dont tu es propriétaire en le louant à quelqu'un d'autre (et recevoir 1 200€/mois). C'est une option ! Et tu dois être conscient qu'elle existe.

Si tu trouves que l'option #3 est compliquée, tu peux te contenter de la #1. Mais la #3 est, pour sûr, la méthode la plus précise pour avoir une idée claire de ta situation financière dans son ensemble.

CHAPITRE VINGT ET UN

Le mythe du « One Shot » qui va te sauver

Au mois de Décembre 2017, un de mes meilleurs amis posa la question suivante sur un groupe WhatsApp dont je faisais partie : « qui investit ou a investi dans le Bitcoin ? »

C'est le genre de mec qui n'a jamais été intéressé par les Marchés Financiers, qui n'a jamais contrôlé ses dépenses ni jamais budgété la moindre chose. Mais ce jour-là, il était tout simplement fasciné par le rendement qu'avait obtenu certaines de ses connaissances en ayant « investi » dans les cryptos monnaies.

Un peu plus tard, c'était un autre ami qui m'avait envoyé un message privé pour me poser une question à ce sujet. Puis, un autre encore … lors de cette même semaine. Toujours à cette période, d'autres personnes me taguaient sur Facebook sous des articles qui évoquaient les crypto-monnaies.

Cette semaine précédait le lancement des échanges de Bitcoin sur le *Chicago Board of Options Exchange* (la principale place boursière d'Amérique du Nord) et la rumeur fusait que d'autres bourses allaient suivre le mouvement.

Pendant une semaine, j'ai essayé de répondre au mieux à toutes ces interrogations. Je leur donnais mon point de vue avec des explications simples. Selon moi, parier sur les Crypto-Monnaies ressemblait plus à un système pyramidal qu'à un véritable investissement.

Quiconque s'intéresse au monde de l'investissement connaît la manière dont John Kennedy, le père de l'ancien président John F. Kennedy, avait réussi à préserver sa fortune lors de la crise financière de 1929. La légende raconte que lorsqu'il a entendu son cireur de chaussures lui donner des conseils sur les actions qu'ils devraient acheter, il aurait vendu toutes les actions qu'il possédait. Ce conseil, qu'il avait obtenu sans en avoir formulé la moindre demande, le conduisit à un moment crucial de sa vie. Il revint immédiatement à son bureau et commença à écouler son portefeuille d'action. Selon lui, il était clair que ces personnes n'avaient aucune idée de ce qu'ils étaient en train de faire.

L'histoire des bulles est extrêmement vieille. Cela peut sembler ridicule de nos jours, mais au XVIIème siècle, les néerlandais eurent la frénésie d'investir dans les tulipes ! Tu t'imagines échanger ta maison contre une plante ? Ça paraît fou mais c'est une histoire vraie.

La bulle des tulipes est un exemple parmi tant d'autres. Il y eu de nombreuses autres bulles dans l'Histoire comme nous l'avons vu auparavant.

Mais le plus drôle dans tout ça c'est que, malgré tout, j'aime le principe des crypto-monnaies. Je trouve ça incroyable qu'il puisse exister des monnaies digitales et privées qui ne dépendent pas des banques centrales. Par ailleurs, je suis tout à fait favorable aux monnaies qui ne sont pas soumises aux Politiques Monétaires.

Mais en réalité, ce n'est pas le sujet ici.

Le sujet en question, c'est que les monnaies doivent avoir trois fonctions essentielles :
1) Un moyen d'échange : être un intermédiaire pour acquérir un bien ou un service
2) Une unité de compte : être un instrument permettant d'attribuer une valeur aux biens.
3) Une réserve de valeur : conserver un pouvoir d'achat stable à travers le temps.

Mais je peux à peine m'acheter une baguette avec des Bitcoins ! C'est quel genre de monnaie ça ? Le spéculateur est tout content car une nouvelle boulangerie à New-York a commencé à accepter les paiements via des Bitcoins. Wow, quel engouement ! Pourtant cette monnaie existe depuis plus de 10 ans !

Même le Bolivar Vénézuélien est plus utile que ça !

Honnêtement, les gens qui vont dans des maisons de courtage pour échanger leur monnaie contre des pièces de crypto-monnaies, ils font ça parce qu'il est plus simple d'utiliser des crypto-monnaies que des euros ou simplement parce qu'ils spéculent et espèrent obtenir des gains lorsque la monnaie prendra de la valeur ?

Tout le monde veut le revendre en faisant une plus-value. Une pyramide financière est basée sur l'idée qu'il y aura toujours quelqu'un plus idiot que soi pour acheter plus cher.

Encore une fois, cela ne veut pas dire que je ne crois pas au potentiel des crypto-monnaies. Je pense qu'elles peuvent être un outil très puissant. C'est leur usage actuel qui me dérange. Tout comme dénoncer une bulle immobilière ne m'inciterait pas à être contre l'existence des maisons.

Honnêtement, de nos jours, le Bitcoin n'est pas un moyen d'échange. Malgré que le nombre d'établissements qui l'accepte soit en augmentation, ils restent toujours très, très limités. De plus, ce n'est pas une unité de compte car la valeur des biens est toujours estimée en fonction des monnaies traditionnelles. Enfin, ce n'est pas non plus une réserve de valeur car les valeurs de ces crypto-monnaies sont très volatiles et créent d'importante fluctuations.

Encore une fois, je le répète, je n'ai rien contre les monnaies digitales, les monnaies privées, etc. Elles seront vraiment les bienvenus lorsqu'elles seront acceptées à grande échelle. À ce moment-là, je me ferais un plaisir de les utiliser. Je les utiliserais tous les jours en tant que monnaie pour réaliser des échanges. Exactement comme je le fais avec les autres monnaies. Pour autant, je ne considérerais pas ça comme un investissement.

"... mais Riko, ces monnaies sont le futur."

Ça me rappelle un passage du livre de Alice Schroeder intitulé « L'Effet Boule de Neige ». En 1999, Warren Buffet s'apprêtait à faire une présentation devant plusieurs investisseurs lors d'une assemblée générale. C'était juste avant l'éclatement de la bulle internet aux États-Unis.

Voici des extraits de la présentation de Buffet cette année-là :

« Voici une liste de 70 pages des meilleurs entreprises automobiles américaines. Il y avait plus de 2 000 entreprises de ce genre aux Etats-Unis : la voiture était probablement l'invention la plus importante de la première moitié du XXème siècle. Elle a eu un impact gigantesque sur la vie des gens. Si, au moment où les premières voitures ont vu le jour, vous saviez à quel point le développement du pays allait être lié à elles, vous vous seriez dit : « il faut que je m'y intéresse. »

Mais sur ces 2 000 entreprises, selon les données de l'année dernière, seulement 3 ont survécu. Par ailleurs, les trois étaient à vendre pour un prix inférieur à leur valeur comptable, c'est-à-dire, une valeur inférieure à l'argent qui avaient été injecté dans la société. En effet, les voitures ont eu un impact impressionnant sur la vie des Américains. Cependant, cela n'a pas été aussi bénéfique pour ses investisseurs.

Lors de cette même période, il y eut une autre grande invention : le premier avion. Entre 1919 et 1930, il y avait aux alentours de 200 entreprises d'aviations. Imagine si tu avais été assez visionnaire pour prévoir notre monde actuel. Néanmoins, selon des données récentes, l'ensemble des actions investies dans l'histoire de l'aviation ont un rendement de zéro dollar.

Il est facile de croire et d'investir dans de nouvelles industries car elles sont très faciles à promouvoir. À l'inverse, défendre des investissements dans des produits communs est très difficile. C'est ennuyeux. Il est bien plus simple de promouvoir des produits exotiques, même s'il y a des pertes car il n'y a pas de paramètre quantitatif.

Pour autant, les gens vont continuer à investir là-dedans comme l'histoire des chercheurs de pétrole qui arrivent au Paradis. St Pierre s'exclama « Tu ne peux pas rester ici. Nous gardons tous les mineurs derrière cette barrière et comme tu peux le voir, c'est plein à craquer, il n'y a pas de place pour toi.

Alors, le chercheur de pétrole cria intelligemment, « Ils ont découvert du pétrole en enfer ! » Évidemment, le verrou de la barrière se brisa et tous les mineurs se précipitèrent en enfer à la recherche de pétrole.

« Super astuce » dit St Pierre, « Maintenant tu as toute la pièce pour toi ». Mais le chercheur de pétrole répondit : « Non, je ne le suis pas. Je vais vérifier cette rumeur en enfer. C'est peut-être vrai après tout. »

Voici comment les gens se comportent avec les investissements. Il est très facile de croire qu'une rumeur possède une petite part de vérité. »

Internet a complètement changé nos vies. Pourtant, en 2000, plusieurs investisseurs ont perdu de l'argent avec leurs investissements lors de l'éclatement de la tristement célèbre Bulle Internet. D'une certaine manière, c'était aussi les prémices de ce qui allait devenir la crise de 2008.

En 1999, un investisseur de sociétés technologiques aurait dit que Warren Buffet était vieux, dépassé, etc. En 2019, il était toujours le troisième homme le plus riche du monde et il continue d'investir dans des sociétés renommées sans faire de folies. Il fait ce que chaque investisseur pourrait faire sans avoir une « vision révolutionnaire ».

Et pourtant, lorsque je répondais à mon ami sur WhatsApp, je me rendais compte que l'histoire des révolutions qui déterminent le futur ne sont pas toujours avantageuses. Par exemple, la prostitution est le plus vieux métier du monde et pourtant c'est un secteur qui génère encore beaucoup d'argent de nos jours.

Mais il y a ce pouvoir d'attraction magique qui pousse les gens à trouver à tout prix des justifications pour leur décision.

« Cette fois c'est différent » est la devise bien connue des bulles économiques historique. Le best-seller de 2009 écrit par Carmen Reinhart et Kenneth Rogoff intitulé : « Cette fois c'est différent : Huit siècles de folie financière » traite de ce sujet. Dans leur livre, les auteurs montrent qu'au final, toutes les bulles sont similaires et suivent un cycle. Malheureusement, l'histoire des crypto-monnaies correspond bien à ce qu'ils ont décrit.

C'est incroyable ce que les gens sont capables de faire en échange d'une promesse d'enrichissement magique qui ne nécessite pas de travail, d'effort, de patience, de méthode et d'entreprenariat.

Tu n'as qu'à observer le nombre d'individus qui jouent au loto chaque année en étant persuadés qu'ils vont gagner. Après tout, avec un petit montant, tu peux passer une semaine entière en train de t'imaginer être multimillionnaire et planifier ce que tu ferais avec cette montagne d'argent. Malheureusement, dans la vraie vie, il est très peu probable que tu gagnes, comme nous l'avons déjà vu. C'est tellemeeeent improductif ... Tout ce temps et cette énergie qui pourrait être dépensé pour produire des choses utiles et bénéfiques pour toi et d'autres personnes.

« Oui, mais tu sais, il y a toujours un gagnant. » Oui, tu as raison, quelqu'un gagne à la loterie. Tout comme en ce moment même quelqu'un est en train d'avoir une crise cardiaque et une autre vient de se faire renverser. Si tu penses que tu as de fortes chances de gagner au loto, je dois t'avertir que, malheureusement les deux autres possibilités que j'ai évoquées sont bien plus probable. La différence c'est que pendant que tu lis ce livre, tu n'es pas en train d'imaginer te faire écraser.

La plupart des multimillionnaires de cette planète se sont fait tout seul. Ils ont construit leur richesse en travaillant dans leur propre entreprise. Ce n'était pas un *one shot*. Leur richesse est le résultat d'une progression constante, d'une méthode réfléchie et de décisions rationnelles.

C'est un processus, pas un coup de chance !

Pour autant, il est bien plus simple de croire à un *one shot*.

Il y quelques années, les économistes Levitt et Dubner avaient écrit un article au sujet du « mythe du *dealer* de drogue qui réussit ». En réalité, ils expliquaient qu'il n'y avait qu'une minorité de dealers de drogue qui devenait riche.

La majorité des *dealers* de drogue gagnent très peu d'argent, malgré que ce soit c'est un « emploi » très risqué. Ils font cela en ayant l'espoir, qu'un jour, ils soient aussi riches et puissants que leur *boss*.

Cette logique n'est pas si éloignée de celle qu'ont la plupart des employés, homme d'affaires et investisseurs.

Pour l'entreprise, rémunérer un cadre exécutif avec de hauts salaires est bénéfique. En effet, ces salariés peuvent servir d'exemples envers les autres employés. Ces hauts salaires sont une source de motivation pour inciter chacun à faire tout son possible pour arriver au statut de cadre exécutif. Cette motivation nous pousse à augmenter notre productivité grâce à cet espoir.

Les grands leaders du secteur commercial font fréquemment usage de cette méthode. Certains d'entre eux investissent dans de belles voitures, de beaux costumes, mangent dans les meilleurs restaurants, mais ils ne le font pas pour rien. En affichant une image de réussite, ils encouragent toute leur équipe à travailler dur et à fournir de bons résultats afin d'augmenter leur propre niveau de vie.

Les personnes qui travaillent pour des entreprises de Marketing Relationnel le font très bien. Tout le monde semble avoir réussi. Est-ce que c'est vraiment le cas ? Fais-moi confiance, pour certains dirigeants d'entreprise, dépenser peut-être un excellent investissement.

Ce n'est qu'une question d'image !

Dans le cas présent, les jeux de loto sont importants pour les gens. La vie passe et ces jeux leur apportent de l'espoir chaque lundi matin lorsqu'ils sont dans le métro sur la route de leur travail et qu'ils se jurent que cette semaine, ils vont gagner.

CHAPITRE VINGT-DEUX

Qu'est-ce que ça signifie « être riche » ?

Le revenu est l'indicateur le plus utilisé dans le monde pour mesurer la richesse. En France, le revenu par ménage et le revenu par habitant sont mesurés par l'INSEE (Institut National de la Statistique et des Études Économique). Ces deux indicateurs sont les plus connus pour déterminer les différents groupes sociaux.

Ci-dessous, tu trouveras un exemple de ce calcul concernant le revenu annuel par habitant :

- Moins de 18 000€ par an, tu fais partie de la classe populaire.
- Entre 18 000 et 33 000€ par an, tu fais partie de la classe moyenne
- Entre 33 000 et 104 000€ par an, tu fais partie de la classe aisée.
- Au-dessus de 104 000€ par an, tu fais partie des 1% de la population française ayant les plus hauts revenus du pays.

Avec cette méthode, tu peux savoir à quel groupe social tu appartiens actuellement.

Bien sûr tu as regardé dans lequel tu te situais, pas vrai ?

Si oui, tu peux dès à présent l'oublier car cette méthode est très, très limitée. L'avantage, je l'avoue, c'est que cet indicateur est très simple. Cependant, l'inconvénient c'est que ce sont des conneries.

Voyons à quel point cette méthode de calcul par les revenus est mauvaise. Prenons l'exemple d'un cadre. Imaginons qu'il gagne 70 000€ par an. S'il est licencié, il ferait partie de la classe populaire. Pourtant, le cadre sait que d'ici quelques mois, il pourra être recruté dans une nouvelle entreprise.

Ce n'est pas ton salaire qui détermine ton niveau de richesse.

Pour mesurer la richesse de quelqu'un, il faut regarder la valeur de son patrimoine.

Ce n'est pas un haut ou un faible salaire qui détermine la richesse que l'on est en train de créer. Pour preuve, un haut salaire peut facilement être contrebalancé par des dépenses incontrôlées.

Jeff Bezos, Warren Buffet et Bill Gates ne sont pas les hommes les plus riches du monde parce qu'ils ont les salaires les plus hauts. Ce n'est pas de cette manière que Forbes mesure la richesse.

Ce n'est pas non plus avec leur profit, crois-le ou non. Ces mecs font partie des hommes les plus riches du monde grâce à leur patrimoine. Ils possèdent des sociétés qui valent des milliards.

Et toi, qu'est-ce tu possèdes ? Oublie ce que tu gagnes. Pense à la richesse que tu as créée au cours de ta vie.

Comme je le dis toujours, tu ne peux gérer que ce que tu mesures. C'est pourquoi, je t'invite à suivre l'augmentation de ton patrimoine. Il existe une méthode simplifiée mais puissante pour la calculer. La voici : actifs – dettes = patrimoine

Désormais, tu dois vaincre ta peur du mot « comptabilité ». Il n'y a rien de compliqué ici. Les actifs sont les éléments que tu possèdes tels que l'immobilier, les voitures ou les investissements financiers. Une dette, quant à elle, est une somme d'argent que tu dois à quelqu'un d'autre et pour laquelle tu t'es engagé à la rembourser au fur et à mesure du temps. Les prêts bancaires sont un exemple de dette.

Un bien immobilier est un actif. Le prêt qui y est rattaché est une dette. Ta richesse liée à ce bien immobilier est la différence entre sa valeur vénale actuelle et le montant restant de ta dette qui y est rattachée. Si demain tu décides de le vendre, combien te restera-t-il ? C'est la Valeur Vénale de ton bien immobilier et c'est celle que tu devras prendre en compte pour calculer la valeur de ton patrimoine.

En d'autres termes, ton patrimoine regroupe tout ce que tu possèdes, moins tout ce que tu dois.

Il est intéressant de se créer son propre bilan comptable. Il faut ensuite le compléter puis, patiemment, l'observer grossir. Voici la véritable mesure de la richesse.

Le solde des comptes d'épargnes, des obligations, des fonds et des actions sont facilement consultables. Un relevé de compte de ta banque ou de ta maison de courtage suffit. Concernant la valeur de ta voiture, je te recommanderais d'observer le prix d'un modèle similaire sur le marché. Il en va de même pour les biens immobiliers.

Vis-à-vis de tes dettes, l'idéal c'est de toutes les rassembler pour n'avoir plus qu'un seul et unique montant. Cette somme représentera le prix que tu devrais payer si tu décidais de rembourser toutes tes dettes aujourd'hui. C'est le « solde restant dû ». Sachant qu'en cas de remboursement anticipé, tu ne payeras pas les intérêts des mensualités à venir puisque tu auras déjà tout remboursé (des pénalités sont malgré tout souvent appliquées).

Si tu n'es pas féru de mathématique financière, tu peux tout simplement additionner l'ensemble de tes futures mensualités. Cependant, le résultat sera probablement supérieur à la réalité.

Bien sûr, au final, gagner plus d'argent a tendance à te donner plus d'opportunité pour augmenter ton patrimoine. Cependant, combien d'opportunités sont gâchées chaque jour ?

Combien de personnes gagnent un salaire élevé mais continuent de vivre endettées pendant que d'autres personnes, dotées d'une intelligence financière, construisent leur richesse à partir de faibles salaires ?

Ce livre traite de l'acquisition de cette intelligence financière. C'est le meilleur levier pour améliorer ta situation financière. La croissance de ton patrimoine sera la conséquence de bonnes décisions, d'un contrôle rationnel et de la planification.

CHAPITRE VINGT-TROIS
L'Indépendance Financière

Parmi tous les éléments que l'argent peut nous apporter, l'un des plus désirés est l'indépendance.

Regarde tous ces mecs qui rêvent de gagner au loto un jour et de pouvoir ensuite déménager sur une île des Caraïbes. Tout ce dont ils rêvent c'est de ne plus avoir à travailler pour de l'argent. Ils veulent avoir du temps libre et le dépenser selon leurs désirs.

C'est ce que nous voulons tous !

La valeur d'un actif est directement liée à sa rareté. J'ai conscience d'avoir dit au début de ce livre qu'il est peu probable que nous rencontrions St Pierre au Paradis demain. Mais le fait que nous sachions tous que nous mourrons un jour transforme notre temps en l'un des actifs les plus rares que nous possédions. Par conséquent, c'est un actif qui a une grande valeur.

Avoir du temps libre est très important. Comme tout le reste, le temps libre ne nous est pas donné à la naissance, il nous faut l'obtenir. Même si travailler est extrêmement important et honorable, il est préférable de travailler par envie et non par contrainte, comme nous l'avions évoqué avec l'histoire du pécheur.

Je le répéterais autant de fois que je jugerais nécessaire de le faire, alors prend note : **Produire nous donne le sentiment d'être utile. Pour autant, il faut bien différencier le travail par plaisir et le travail pour survivre.**

Au début de notre vie active, personne n'a le choix. Nous travaillons par nécessité. Nous devons créer des choses, inventer des trucs, conquérir notre indépendance et construire notre richesse. Mais vivre toute sa vie de cette manière est un choix.

L'indépendance financière est une opportunité qui peut être atteinte par ceux qui maitrisent et appliquent une intelligence financière.

Par conséquent, au-delà des données monétaires, le meilleur moyen pour mesurer la richesse est d'observer notre degré d'indépendance financière.

Le temps c'est de l'argent et vice versa.

De fait, n'importe quel montant en euro ou d'une autre devise peut être transformé en une mesure « de temps » qui est universel.

Pour ce faire, tu as besoin de calculer le coût de ton niveau de vie mensuel. Grâce à cette information, tu pourras connaitre la valeur que représente un mois de ta vie avec ton niveau de vie actuel.

Calcule la moyenne de ces 12 derniers mois pour prendre en compte les variations. Une année est un cycle complet. Par conséquent, en plus d'avoir dépensé tes dépenses récurrentes, tu auras aussi payé toutes tes dépenses qui ne se produisent qu'une fois par an.

La moyenne du montant de tes dépenses te donne une idée concrète de la somme que tu dois payer pour maintenir ton niveau de vie. Une fois que tu connais ce montant magique, tu peux mesurer d'autres valeurs en fonction de ton indépendance financière.

Par exemple, si tu as un salaire net de 3 000€/mois et que ton niveau de vie (la moyenne de l'ensemble de tes dépenses mensuelles sur les 12 derniers mois) est de 1 500€, cela signifie que ton salaire est égal à 2 mois d'indépendance financière. On appelle cette mesure le Taux de Couverture. Il nous permet de calculer la durée pendant laquelle tu peux conserver ton niveau de vie si tu ne reçois plus ton salaire actuel.

Voici la formule pour calculer le Taux de Couverture mensuel :

$$\frac{Revenus}{Moyenne\ des\ dépenses\ mensuelles\ des\ 12\ derniers\ mois}$$

Pour obtenir ce montant par nombre de jours, il te suffit de multiplier le résultat par 30.

Comment utiliser le Taux de Couverture ?

Il existe plusieurs manières de le calculer. Voici quelques exemples :

Taux de Couverture Global par Mois :

$$\frac{Montant\ Mensuel\ Investi}{Moyenne\ des\ dépenses\ mensuelles\ des\ 12\ derniers\ mois}$$

Celui-ci t'indique le nombre de mois pendant lesquels tu peux subvenir à tes dépenses en fonction du montant que tu as investi.

Par exemple : si tu investis 750€ par mois et que tu dépenses en moyenne 1 500€ par mois. Alors, ton taux de couverture global mensuel est de 0,5 (750 : 1500). Le montant que tu as investi te permet donc de subvenir à tes dépenses pendant un demi-mois.

Mais ma méthode préférée est celle du Taux de Couverture par rapport à la valeur de ton patrimoine. Voici la formule pour le calculer :

Taux de Couverture en fonction du Patrimoine :

$$\frac{Patrimoine\ Total}{Moyenne\ des\ dépenses\ mensuelles\ des\ 12\ derniers\ mois}$$

De mon point de vue, c'est la meilleure manière de calculer notre richesse disponible. Elle t'indique la valeur de la richesse que tu as créée au cours de ta vie sous forme d'indépendance financière.

Un homme qui dispose d'un patrimoine de 100 000€ sera automatiquement considéré comme plus riche qu'un homme ayant un patrimoine de 50 000€

Cependant, imaginons que le premier dépense en moyenne 10 000€ par mois tandis que l'autre, à l'inverse, ne dépense que 2 500€. Dans ce cas, le patrimoine du second représentera 20 mois d'indépendance financière tandis qu'elle ne représentera que 10 mois pour le premier.

L'indépendance financière est exprimée par des niveaux, elle n'est pas binaire. Tu peux avoir une indépendance financière élevée, basse ou inexistante. Beaucoup de gens pensent que l'indépendance financière se résume à avoir un Taux de Couverture infini. C'est le cas lorsque les revenus passifs générés par ton patrimoine te permettent de subvenir à tous tes besoins jusqu'à ton décès.

Mais personne n'est indépendant financièrement s'il n'est pas attentif. Ces taux sont réalisés à partir d'un niveau de vie stable. Si ce dernier augmente avec le temps, alors ton indépendance se réduira par la même occasion.

C'est pourquoi tu dois être vigilant vis-à-vis de tes dépenses.

Lorsque j'affirme que notre niveau de vie peut, d'une certaine manière, nous emprisonner, c'est parce qu'il a une corrélation négative avec notre indépendance financière. Plus le coût de notre vie est élevé, plus notre indépendance diminue. C'est mathématique.

Je ne suis pas en train de te dire que tu ne devrais pas chercher à améliorer ta qualité de vie. Non, ce n'est pas ma vision des choses. D'ailleurs, il n'y a aucune raison de créer de la richesse si on n'est pas capable d'en profiter. Mais il est bon de savoir que ton niveau de vie a une contrepartie. Elle te requiert du temps et diminue ton niveau d'indépendance.

Dépenser plus a un double effet sur ton Indépendance Financière. Le premier est qu'en augmentant tes dépenses tu réduis ta propension à investir (et donc à acquérir plus d'actifs). Le second est qu'en dépensant plus, tu augmentes ton niveau vie et celui-ci pourrait être plus difficile à maintenir par la suite.

Je répète, l'augmentation de notre niveau de vie est bénéfique uniquement si elle l'est de manière durable. Une hausse soudaine sans structure adaptée peut annihiler tous tes autres plans et réduire tes finances à néant. Dans ce cas-là, réparer les dégâts causés peut être très douloureux.

CHAPITRE VINGT-QUATRE

C'est très bien, mais je suis endetté. Alors comment faire ?

Oh la-la! Il semble que ce livre te soit parvenu un peu tard si c'est ton cas. Cependant, vaut mieux tard que jamais.

Pour commencer, avoir des dettes ne signifie pas forcément que tu es endetté. Ce qui compte le plus dans cette situation c'est la valeur de ton Patrimoine. Elle est positive ou négative ? Si elle est positive, alors tu n'es pas vraiment endetté.

Si ta dette est un emprunt bancaire de 200 000€ pour une maison qui en vaut 300 000€, alors tu peux difficilement te considérer comme une personne endettée puisque tu peux toujours vendre ta maison, rembourser l'emprunt par anticipation et récupérer l'argent restant.

De plus, toutes les dettes ne sont pas mauvaises. C'est la raison pour laquelle il est important que tu identifies les types de dettes que tu as. Il y en existe majoritairement trois.

- **Les Mauvaises Dettes :** Ce sont toutes les dettes qui ont un intérêt élevé. La surconsommation en est souvent la source. C'est le type de dette que tu ne devrais jamais avoir. Ta priorité absolue doit être de la rembourser intégralement et de ne plus jamais y être confronté !
- **Les Dettes Acceptables :** En général, ce sont des emprunts liés à des buts louables comme un Prêt Étudiant ou un Emprunt Immobilier. Si tu peux les rembourser par anticipation c'est mieux. Cependant, il est possible de vivre avec ce type de dette car leurs taux d'intérêt sont généralement peu élevés. De plus, tu as un retour sur investissement qui n'aura pas pu être

possible sans cette dette. Si tu as recours à un prêt étudiant pour aller à l'université, il est probable qu'à présent tu aies un salaire plus élevé. Si tu as contracté un emprunt pour financer tout ou partie de ta résidence principale alors tu n'as plus besoin de payer un loyer.
- **Les Bonnes Dettes :** Nous voyons souvent les dettes d'un mauvais œil, mais en vérité, elles peuvent être bonnes. Les dettes que l'on peut considérer comme bonnes sont les dettes qui n'ont pas d'intérêt et les dettes pour lesquelles l'intérêt que tu payes est inférieur à la somme que tu pourrais recevoir si tu plaçais cet argent dans un investissement sécurisé. Elles sont très rares mais elles existent. Je vais grossir les traits de mon exemple pour que ce soit plus parlant : Imagine que quelqu'un te prête 1 000 000€ et qu'il te demande de les lui rendre l'année suivante sans payer d'intérêts. Tu pourrais investir cette somme sur une année et ainsi gagner 20 000€, comme un intérêt, puis lui rendre le montant initial. C'est de l'argent facile ! Ça, c'est une super dette !

À présent, ce que je m'apprête à te dire pourrait paraître choquant mais c'est la clé : Au-delà de la qualité de ta dette, ce qui importe c'est ce qu'il y a derrière. **La dette n'est pas le plus gros problème. Elle est généralement le symptôme d'un mal bien plus grave qui est la perte de contrôle de ses finances.** C'est pourquoi, même si tu as recours à de « bonnes dettes » - qui peuvent être assimilé à de l'argent facile – pour maintenir de mauvaises habitudes de consommation. Il ne faut pas utiliser de bonnes dettes dans un but horrible qui les transforme instantanément en des dettes terrifiantes.

Une dette est créée par l'utilisation d'une richesse que tu n'as pas encore générée. Cela rend ta vie risquée. Je ne sais pas comment je pourrais être plus clair mais : **ne dépense pas plus que tu ne gagnes !**

Si tu es endetté ou que tu t'apprêtes à l'être et que ton solde est souvent négatif, il faut que tu réagisses. Car, cela signifie que tôt ou tard, tu te retrouveras dans une situation compliquée. C'est pourquoi, tu dois suivre ces étapes :

1. **Prendre conscience qu'il n'existe pas de solutions magiques aux problèmes financiers.** Les maths sont une science exacte : Tu vas devoir changer tes habitudes et réduire tes dépenses. Il n'y a pas d'autres solutions.
2. **Tu dois renoncer à t'endetter.** Une fois que tu as décidé de changer, tu dois être capable de t'y tenir immédiatement.
3. **Détermine ton budget pour l'année et respecte-le.** Il doit être réaliste mais il doit aussi comporter un surplus pour rembourser tes dettes existantes.
4. **Oublie l'épargne pendant un certain temps**, le meilleur investissement que tu puisses faire c'est de te débarrasser de tes dettes.
5. **Commence par rembourser les dettes qui ont les taux d'intérêt les plus élevés.**
6. **Cherche des sources de revenus supplémentaires**. Tes revenus actuels pourraient être insuffisants pour te permettre d'atteindre le niveau de vie que tu désires. Mais actuellement, ça n'a pas vraiment d'importance. Concentre-toi sur une chose : faire en sorte que tes dépenses correspondent à tes revenus. Tu ne dois pas encore te soucier du niveau de vie que tu penses mériter à cause de tes amis et ta famille qui l'ont. Par contre, une fois que tes dépenses seront sous contrôle, tu devrais chercher un meilleur travail ou obtenir une augmentation. Tu pourrais aussi trouver temporairement un travail supplémentaire pour augmenter tes revenus actuels.

Tout ça dépend du niveau et du type de dettes que tu as. Si elles sont viables et que tu peux à la fois les rembourser et payer des dépenses mensuelles, il n'y a pas de quoi s'inquiéter.

À l'inverse, si ce n'est pas ton cas et que tu termines toujours le mois dans le rouge, tu ferais mieux de te ressaisir dès maintenant car tu as probablement déjà franchi la ligne rouge.

Si tu penses que ta situation est hors de contrôle et qu'elle ne peut arrêter d'empirer, prends le temps de réfléchir et de te raisonner. Suis les 7 étapes que j'ai mentionnées plus haut. Si ça ne suffit pas, tu peux décider de vendre certains de tes actifs si tu en possèdes. Tu peux même envisager de vendre ta résidence principale si c'est nécessaire, c'est un peu extrême mais ça peut véritablement changer la donne. Souviens-toi, nous avons parfois besoin de faire un pas en arrière dans notre vie pour faire deux pas en avant par la suite. Si tu es sur le point de te séparer de tes actifs, tu dois être véritablement déterminé à changer de vie. Si c'est le cas, j'espère que tu reliras ce livre et au-delà de ça que tu en liras d'autres au sujet des Finances Personnelles. Cela t'aidera à conserver ton intelligence financière.

Ce changement doit être un engagement familial. Il est très important que tu prennes le temps de faire le point avec ta moitié (si c'est ton cas, bien sûr) et de discuter des décisions à prendre pour le reste de votre vie. Beaucoup de personnes parlent de la manière dont ils peuvent changer leur vie financière. Mais ils n'évoquent jamais la situation où le mari ou l'épouse ne sont pas prêt à changer. Si c'est le cas, leur vie sera difficilement amenée à changer.

CHAPITRE VINGT-CINQ
Bonus : Tableur Financier

Pour résumer tous les éléments que j'ai évoqués dans ce livre, il est temps de te parler de ton outil de Planification Financière.

Microsoft Excel reste mon outil préféré pour le contrôle financier. Les personnes qui préfèrent utiliser des applications plutôt qu'Excel disent que le plus grand avantage de l'application est que tu l'as en permanence avec toi.

Dans tous les cas, je ne pense pas que tu ai besoin de rester connecté 24h/24h à ton Planning Financier et de noter toutes tes dépenses en temps réel. Pour autant, j'admets que ces notes peuvent être intéressantes lorsque que tu débutes si tu dépenses de manière déraisonnée. Une fois que tu as organisé ta vie financière, tu n'as besoin que de quelques minutes par jour pour mettre à jour ton tableur. Par ailleurs, même si ce n'est pas très pratique, tu peux avoir accès à ton Tableur Excel sur ton portable si tu l'enregistres sur une plateforme Cloud.

Excel a des avantages majeurs : il est très flexible et facile d'utilisation. En inscrivant tous mes revenus et mes dépenses, j'ai l'impression de contrôler plus précisément l'emploi de mon argent. Je traite chaque dépense une par une, puis je les classes. Par conséquent, je n'ai pas besoin d'avoir un programme qui le fait à ma place.

C'est à toi de choisir. Si tu préfères utiliser une application, fonce ! À partir du moment où tu exerces un contrôle sur tes finances, c'est le principal, même si c'est avec carnet de notes. Si c'est ton cas, achètes-en un dédié à ce but.

Je vais partager ici avec toi une version gratuite du Tableur Financier que j'utilise. À ce stade, tu devrais être capable de comprendre tous les éléments du tableur. Il est composé de 3 feuilles, une pour chaque année de **Planification Financière**. Tu y trouveras ton Budget et le Montant Réel, reçu ou dépensé, mois par mois en fonction de différentes lignes : 1) les Revenues ; 2) les Dépenses Récurrentes ; 3) l'Épargne pour les Dépenses à Court et Moyen Terme et 4) les Investissements au Long Terme. Tu trouveras aussi un résumé de ces informations avec un Taux de Couverture par jour. Ensuite, tu auras une feuille dédiée à la gestion de ton **Épargne pour les Dépenses à Court et Moyen terme** puis une dernière spécifique à tes **Investissements**.

C'est un tableur simplifié mais tu y trouveras tout le nécessaire pour commencer. Tu pourras acquérir une version plus complète par la suite pour une meilleure maitrise de tes positions financières avec la valeur de ton Patrimoine et plus de détails sur le contrôle de tes Investissements.

Voici à nouveau le lien pour que tu puisses télécharger ton Tableur Financier :

https://lepouvoirdelaplanification.fr/bonus-tableau-de-planification-financiere/

CHAPITRE VINGT-SIX
Cas pratique

Un couple marié avec des enfants qui vivent dans le Grand Paris :

Nicole, 33 ans, et Phillipe, 35 ans, habitent en région parisienne avec leurs deux enfants, Louise, 5 ans, et Gabriel, 3 ans.

Nicole est enseignante et travaille dans un lycée en périphérie de Paris. Philippe est cadre au siège d'une entreprise situé à Paris. Le salaire brut annuel de Philippe, hors prime, est de 60 000€ par an. Nicole quant à elle, gagne 50 000€. Ensemble, ils gagnent plus de 82 000€ net par an avant impôt, soit 6 300€/mois après impôt.

Comment organisent-ils leur budget ?

Dépenses récurrentes par mois (% du revenu total)

Dépenses communes de la famille : 2.205€ (35%) :

- Loyer : 1.400€ (22%)
- Courses : 450€ (7%)
- Electricité : 100€ (2%)
- Carburant : 80€ (1%)
- Box Internet : 50€ (1%)
- Assurances : 40€ (1%)
- Femme de Ménage 2x par mois : 85€ (1%)

Dépenses liées à Louise et Gabriel : 1.260€ (20%) :

- École Louise : 300€ (5%)
- École Gabriel : 300€ (5%)
- Baby sitter - sortie d'école : 660€ (10%)

Dépenses communes à Philippe et Nicole : 950€ (15%) :

- Argent de poche (60€ chacun par semaine) : 530€ (8%)
- Transport Publique (net de l'entreprise) : 80€
- Sports, vitamines et suppléments alimentaires : 60€
- Coiffeurs : 50€
- Téléphone portable : 30€
- Tarifs bancaires : 20€
- Cantine du travail : 180€

Épargne pour les dépenses non récurrentes : 980€ (15%) :

- Vacances : 250€ (4%)
- Entretien voiture : 120€ (2%)
- Entretien maison : 100€ (2%)
- Santé : 100€ (2%)
- Cadeaux et fêtes : 100€ (2%)
- Centre de Loisir - vacances d'enfants : 100€ (2%)
- Vêtements enfants : 50€ (1%)
- Vêtements adultes : 40€ (1%)
- Equipements : 40€ (1%)
- Livres et cours : 50€ (1%)
- Matériels scolaires : 30€ (0%)

Investissements : 960€ (15%) :

- Retraite : 200 € (3%)
- Enrichir : 760€ (12%)

Philippe et Nicole possèdent 16.500 euros sur leur Livret A. Il ne leur rapporte pas grand-chose car le rendement financier est faible mais il a l'avantage de les rassurer. Ce montant représente un peu plus de 3 fois leurs dépenses mensuelles moyennes.

Ils investissent 15% de leur revenu total – ce qui est un bon début étant donné qu'ils ont déjà leur épargne de précaution - mais ils sont encore loin de l'idéal. Ils ont décidé que chaque euro supplémentaire gagné serait réparti de la manière suivante : 50% libre, 50% épargné et investi dans leur Assurance-Vie. Leur but est d'être propriétaire de leur résidence principale. Les 760€ mensuels dédiés à leur enrichissement sont investis en bourse dans des EFT qui distribuent des dividendes.

La plupart du temps ils épargnent de manière très raisonnable. Pour autant, dès qu'ils en ont l'occasion, ils veulent dépenser plus.

Chaque année, Nicole et Philippe aident une association à but non lucrative avec la moitié des économies qu'ils ont réalisés par rapport à leur Budget et aux revenus de leurs investissements. C'est le moyen qu'ils ont trouvé pour se motiver à épargner plus, investir plus et partager leur gain avec ceux qui en ont besoin.

UFF ! LE DERNIER CHAPITRE !

Commence dès maintenant !

J'aimerais conclure ce livre avec un cas d'étude du livre « Art & Fear » écrit par David Bayles.

Cette étude est connue sous le nom de la théorie des 50-pounds. Elle a été menée par un professeur d'art aux Etats-Unis. Celui-ci décida un jour de réaliser une expérience sociale lors de son cours sur l'argile.

Il divisa les élèves en deux groupes. Dans le premier, l'objectif était de créer le meilleur vase d'argile dont ils étaient capables sur une période de 3 mois. Leurs notes ne dépendraient que de la qualité de leurs vases et uniquement de celui-ci. Pour ce premier groupe, l'accent était mis sur les détails, la perfection et en somme, la réalisation d'un chef d'œuvre.

Mais les élèves du second groupe n'avaient pas reçu la même consigne. Leur objectif était de réaliser plusieurs sculptures en argile qui, une fois réunis, pèseraient au moins 50 pounds (≈ 23kg). Ils avaient le même délai pour le faire. Que les vases soit laid ou beau, ça n'avait pas d'importance. C'était la quantité, et non la qualité qui primait. La consigne était qu'ils devaient produire 50 pounds d'art. Si cette consigne était respectée, ils auraient de bonnes notes.

Au bout des 3 mois, le professeur distribua les notes. À sa grande surprise, tous les chefs d'œuvres provenaient du groupe ayant reçu la contrainte des 50 pounds. Pourtant, ce groupe n'était pas focalisé sur la qualité mais sur la quantité.

Pourquoi cela ?

C'est très simple : L'entrainement mène à la perfection et les répétions mènent à la maitrise absolue.

Un vase traditionnel comme ils avaient l'habitude d'en créer ne pesait pas plus d'un pound. Pour arriver à 50 pounds, le second groupe devait travailler ardemment et quotidiennement sur ce projet.

Leur objectif n'était pas de créer un vase parfait, ils se disaient simplement « je dois agir avant qu'il ne soit trop tard ». Par conséquent, que se passe-t-il lorsque l'on travaille dur avec de la rigueur plusieurs fois d'affilée ? On s'améliore, encore et encore.

D'un autre côté, le perfectionnisme peut provoquer de l'anxiété et un manque de confiance.

Les membres du premier groupe savaient qu'ils n'allaient être évalués que sur la qualité de leur œuvre. De fait, ils ont passé tout leur trimestre à discuter, réfléchir, conceptualiser et imaginer à quoi devrait ressembler un vase parfait malgré qu'ils n'aient jamais réalisés de vase en argile.

Le jour où ils ont dû mettre leurs idées en pratique, ce fut un véritable échec !

Le premier groupe avait consacré tout leur trimestre à choisir la méthode à employer. Pendant ce temps, l'autre groupe avait passé leur trimestre à réaliser leurs œuvres.

Cet exemple est un bon moyen d'illustrer tout ce que nous avons évoqué dans ce livre. J'ai parlé de la manière dont tu devrais organiser ta vie financière. Je t'ai dit qu'il était indispensable de te constituer une épargne pour toutes les dépenses que tu prévois de faire dans un futur proche. Je t'ai conseillé d'épargner suffisamment pour te constituer une Épargne de Précaution, un Fonds de Retraite et te créer, à terme, une source de revenus supplémentaires. Mais si tu veux tirer une bonne conclusion de ce livre : **commence aujourd'hui**.

Je sais, il y a peut-être de la pluie ou trop de soleil, ou alors aujourd'hui c'est Jeudi et tu as promis que tu allais jeter un œil à tout ça ce week-end …

Mais commence aujourd'hui. Des petits pas vers la bonne direction sont toujours préférables à un statisme absolu. Certaines personnes vont passer leur vie entière à attendre le moment idéal. Mais il n'y a pas de moment idéal ! Il y a le meilleur moment et le meilleur moment c'est toujours maintenant.

Il est très facile de tracer son chemin et de rêver à haute voix. Il est aussi facile de critiquer et d'utiliser sa propre incapacité à avancer dans la vie pour attaquer ceux qui essayent de le faire. Cependant, le temps passe et un jour tu te réveilleras en te demandant pourquoi tu as dépensé cette ressource limitée qu'on appelle « le temps » à regarder les autres vivre tes rêves. Tu n'acquerras aucune compétence digne de ce nom en restant assis devant ta télé à observer d'autres personnes vivre leur vie et à les pointer du doigt lorsqu'ils échouent. Les gens qui sont dans l'arène n'y sont pas pour faire plaisir aux spectateurs. Premièrement il est tout à fait impossible de satisfaire tout le monde et deuxièmement ce n'est absolument pas nécessaire. Il y aura toujours quelqu'un pour te juger quoi que tu fasses. Tu veux savoir pourquoi ? Parce qu'ils ont été infectés par cette maladie qu'on appelle le perfectionnisme. S'ils pensent qu'ils ne peuvent pas faire une chose parfaitement du premier coup, alors ils n'essayeront même pas de le faire.

C'est pourquoi, tu arrives et tu agis. Est-ce que tu ferras des erreurs ? Bien sûr ! Est-ce qu'elles t'arrêteront ? Absolument pas ! Ils te regarderont et diront : « Pour qui il se prend ce mec ? Comment il peut oser faire ça ? ». Selon eux, tu n'étais même pas censé essayer d'accomplir une chose pour laquelle tu n'y arriverais pas du premier coup. Mais comme le disait Malcolm Gladwell : « l'entrainement n'est pas une chose que l'on commence à faire lorsque l'on est bon. C'est ce que tu fais pour devenir bon. »

Regarde ma situation actuelle. Un peu plus de 2 ans se sont écoulés depuis mon séjour à Biarritz. Tu sais, à l'époque où l'idée d'écrire un livre me taraudait l'esprit. Nous sommes à l'été 2019 et je suis dans le charmant quartier de St Germain des Prés à Paris. D'accord, je porte toujours un tee-shirt Quicksilver mais ça me rappelle de bons souvenirs. En tout cas, je suis ici. Exactement à l'endroit où je veux être, en train de boire un Spritz St Germain chez *Les Deux Magots*, un café littéraire réputé. Beaucoup d'auteurs connus sont venus ici pour écrire leurs livres à succès et, aujourd'hui, je suis leur exemple.

Ce n'est pas une coïncidence si je suis ici à présent. Il y a 2 ans, Biarritz était mon village de pêcheur – un village magnifique je dois l'avouer – et j'avais l'opportunité d'être un pêcheur jusqu'à la fin de mes jours. Il n'y avait absolument rien de mal à choisir cette option. Pour certains, ce choix aurait été superbe. Mais pas pour moi, du moins, pas encore. J'ai décidé d'être le pêcheur qui quitte son village pour développer son commerce de poisson. Et devine quoi : Tu es à présent en train de « manger un poisson » qui n'aurait probablement jamais existé si j'avais décidé de passer tous mes week-ends à faire du surf.

Je suis là où j'ai décidé que je serais ! C'était tout sauf facile et sécurisé. Parfois, mon épouse Alice et moi-même évoquions l'idée d'abandonner. Nous étudiions la possibilité de changer de plan … heureusement, nous ne l'avons pas fait. Nous nous sommes tenus au plan. Nous nous y sommes tenus car nous avions convenu initialement de ce plan. C'est tout bête, pourtant la plupart des gens n'en ont pas, ou en tout cas n'ont pas un plan précis. Si seulement ils savaient à quel point c'est magique d'accomplir ses objectifs. À quel point, vu de l'extérieur, ils semblent être des sommets inatteignables où tu ne peux faire que des petits pas pour t'en rapprocher. C'est pour cette raison que beaucoup de personnes abandonnent en chemin. Ils ne se rendent pas compte de leur progrès ou ils les trouvent insuffisants. Cette progression, d'apparence au ralenti, est une source de démotivation.

C'est ce qui risque de t'arriver aussi si tu ne changes pas du jour au lendemain. Je suis désolé de te le dire, mais c'est la vérité. Lorsque tu organiseras ta vie financière, tu feras des erreurs. Peut-être que tu dépenseras de l'argent pour une chose que tu ne devrais pas car ce n'était pas dans ton budget. Peut-être que tu oublieras de noter et de comptabiliser des dépenses pendant plusieurs jours d'affilées. Lorsque ça t'arrivera, ne soit pas démotivé. Le changement fait partie du processus. Tu auras besoin de discipline pour faire de ton mieux. N'abandonne pas, ne panique pas. Fais des petits pas tout le long du chemin. Continue d'avancer car, lorsque tu regarderas derrière toi, tu verras le long chemin que tu viens de parcourir. Retire le mot « perfection » de ta vie, car il te bloque. Affronte-le ! Les changements viennent de manière structurelle et durable.

J'avais eu cette conversation un jour avec une collègue. Elle me racontait qu'elle payait un abonnement dans une salle de sports pour y aller au moins 3 fois par semaine. Cependant, à cause de son emploi du temps, elle n'allait pratiquement jamais s'entrainer dans cette salle. Je lui ai donc conseillé de commencer à y aller une fois par semaine le samedi matin. Elle m'a répondu « Une fois par semaine ? Quel est l'intérêt ? ». Les gens préfèrent rêver d'un scénario parfait même s'il est impossible à réaliser. Ils pensent être capable de déménager dans un monde parfait en un clin d'œil.

L'objectif de ce livre est de te faire évoluer. Une fois que c'est fait, ta vie va, par conséquent, elle aussi commencer à évoluer.

Lorsque j'ai écrit ce livre, je me suis promis de te donner le meilleur de moi-même. Est-ce que ce livre est parfait pour autant ? Absolument pas … il n'existe pas de livre parfait. Par ailleurs, même si c'était le cas, ce serait horrible. C'est ce qui nous rend humain.

À présent, après ce long voyage – un voyage enrichissant je l'espère - il est temps de se dire « au revoir ». Ce fut un plaisir de passer ce moment avec toi et d'avoir eu ensemble cette conversation agréable et précieuse. Merci de m'avoir lu et je suis désolé si je parle beaucoup, c'est ce que ma femme me dit toujours.

À bientôt. Il est à présent temps de s'élever et de se mettre au travail

Riko Assumpção

« L'utopie est à l'horizon.
Je fais deux pas en avant, elle s'éloigne de deux pas.
Je fais dix pas de plus, l'horizon s'éloigne de dix pas.
J'aurai beau marcher, je ne l'atteindrai jamais.
Alors, à quoi sert l'utopie ?

Elle sert à ça : à avancer. »

(Eduardo Galeano)

ANNEXE 1

Recommencer le Cycle

À ce stade, nous avons pratiquement évoqué la totalité du cycle financier. Nous avons commencé par les revenus, puis nous avons poursuivi avec les dépenses, tout en passant par les dettes, l'épargne et les investissements. Pour autant, si ça te convient, j'aimerais revenir quelques instants sur les revenus.

Ce livre est un guide pour ta vie financière. Il l'est grâce à une méthode qui, étape par étape, t'aide à organiser et à optimiser tes finances. J'ai l'impression que mon approche est tellement directe que le seul moyen que j'aurais pour que nous soyons plus intimes serait que je t'appelle par ton prénom.

Alors, ne te contente pas de le lire et de le ranger pour de bon dans ta bibliothèque. À la place, je te conseille de le relire au fur et à mesure que ta vie financière évolue. Je te promets qu'à chaque fois que tu le reliras, il t'apportera plus de clarté sur la période que tu es en train de vivre.

Tu sais, nos vies sont faites de cycles financiers. Certaines personnes vivront leur vie au travers d'un cercle vicieux – ce que Robert Kiyosaki appelle « la course des rats ». D'autres, choisiront un cercle vertueux.

Un nouveau cycle financier commence en discutant à nouveau des revenus. Pour cela, il est important de connaître la différence entre un Profit et un Revenu. Lorsque tu entends que l'entreprise X, Y ou Z a fait 50 millions d'euros de chiffre d'affaires, cela ne signifie pas forcément qu'elle a clôturé ses comptes avec un solde positif. Ce qui compte à la fin de la journée, que ce soit pour une entreprise, une personne seule ou une famille, c'est la différence entre ses revenus et ses dépenses. Ça c'est ton profit.

C'est l'idée de se payer en premier. C'est aussi ce qui te permettra d'atteindre un cercle vertueux. Une fois que tu auras compris ça, ta vie changera. Tu verras ton travail d'une nouvelle manière. Tu considéras aussi différemment l'argent que tu gères et tout ce que tu possèdes en général.

Gagner de l'argent n'est pas vraiment un problème majeur pour la majorité des gens. Dans la plupart des cas, c'est l'utilisation de leur argent qui leurs posent un vrai problème. Le sujet que je veux aborder lors des dernières pages de ce livre c'est la gestion financière de ton ménage.

La première fois que je t'ai parlé des Revenus, j'ai considéré que tu devais te tenir aux revenus que tu gagnais actuellement. C'est pourquoi, je te conseille de faire correspondre ton niveau de vie à ce revenu. Tu dois te concentrer sur l'organisation de ta vie financière. Il faut que tu adoptes un bon état d'esprit et que tu maintiennes un bon niveau de vie mais il faut que celui-ci te permette d'investir pour que tu te constitues un meilleur futur.

Si tu ne commences pas par gérer financièrement ton ménage, peu importe combien tu gagnes, tu auras toujours des problèmes et cela finira par te démotiver.

C'est la pire chose qui puisse arriver et, malheureusement c'est très, très commun. Il est fréquent de voir une personne qui gagne 30 000€/ par an, rêver de ce que serait sa vie si elle en gagnait 50 000€. Au final, le temps passe et elle gagne désormais ces 50 000€ / par an. Pour autant, à présent, cela ne lui paraît plus si confortable. Désormais, elle rêve de gagner 80 000€ / par an. Elle y arrivera, mais sa vie ne serait pas meilleure pour autant. Peu importe le chemin qu'elle prend, elle aura toujours l'impression d'être bloquée, sans même savoir ce qui s'est mal passé. Elle sera finalement épuisée d'avoir travaillé autant, d'avoir gagné tout l'argent qu'elle le voulait mais malgré tout d'avoir l'impression que sa vie est bloquée. Par conséquent, elle commencera à croire que c'est une fatalité. Elle se dira : « C'est la vie » puis elle abandonnera.

C'est pourquoi je me suis d'abord focalisé sur la maitrise de tes dépenses et la préparation de tes stratégies d'investissement. Tu dois être prêt à gagner plus.

Une fois que tu as défini ton budget, tu dois prendre ton temps pour réfléchir à la manière dont tu dépenseras ton argent. Il te faudra penser aux changements que tu devras effectuer dans un futur proche pour construire les bases d'une vie meilleure. À présent, tout est à la bonne place. Il est donc temps d'avancer et de franchir une nouvelle étape.

Augmente tes revenus !

Il n'est pas nécessaire de se creuser les méninges comme un forcené pour gagner plus d'argent. Ne commence pas à sortir dehors pour chasser les papillons. Contente-toi de prendre soin de ton jardin et les papillons viendront à toi naturellement. Une fois que ton planning sera établi, tu verras des choses changer dans ta vie.

Contrôler ses dépenses est une étape inévitable, mais à un moment ou un autre, tu ne pourras plus les réduire. Si tu gagnes 30 000€ / par an, ça n'a pas d'importance si tu dépenses très peu car tu gagneras toujours la même chose. Contrôler tes dépenses est ta défense.

Une fois que tu as réduit tes dépenses au maximum, tu es prêt à commencer un nouveau cycle : augmenter tes revenus. Ça, c'est jouer en attaque.

Il existe de nombreux moyens pour générer des revenus supplémentaires. En voici quelques exemples :

- Vendre des affaires que tu n'utilises plus
- Devenir Chauffeur VTC
- Devenir Coursier à vélo ou en scooter
- Louer une chambre que tu n'utilises pas sur Airbnb

- Proposer des services de baby-sitting dans ton quartier
- Promener des chiens
- Proposer des services sur Fiverr

J'ai un ami qui a transformé sa maison en pizzéria pour effectuer des livraisons de pizzas. Son commerce n'était ouvert que la nuit car c'était à ce moment-là que la plupart des gens commandaient. Il faisait un autre travail la journée et lorsqu'il rentrait chez lui le soir, il changeait de rôle. Il répondait au téléphone et il cuisinait des pizzas dans sa cuisine. Il lui a suffi d'investir dans un four. Il n'avait pas de dépenses supplémentaires liées à un loyer et il n'avait pas besoin d'engager des employés. Ce commerce lui a permis de générer des revenus supplémentaires à partir de chez lui de 19h à 22h. Pourquoi pas ?

Toutes ces opportunités sont valables pour les personnes qui désirent gagner plus d'argent et pour ceux qui ne gagne pas suffisamment. Il existe une multitude d'opportunités de ce genre autour de toi. Tu n'as pas envie de le faire ? Eh bien, soit tu admets que tu ne veux pas ça car tu as un meilleur plan, sois-tu te dis que tu ne peux car bla bla bla.

Les bonnes raisons peuvent être acceptables, mais pas les excuses.

Considère le gain d'argent comme une récompense donnée en échange d'un service bénéfique que tu as fourni à toute la société. Réfléchi à la raison pour laquelle un mec a décidé d'ouvrir une boulangerie dans ton quartier. De son point de vue, peut-être que sa seule motivation était de vouloir gagner de l'argent grâce à ses compétences de boulanger. Mais, en ouvrant son commerce, sans en prendre conscience, il a en réalité rendu service à tout son quartier. Ils sont tous de potentiels clients, ravis d'avoir un nouveau commerce à proximité de chez eux.

Encore une fois, si tu dois bien retenir une chose de ce livre, c'est que le seul moyen pour réussir est d'aider les autres à réaliser leurs volontés et de répondre à leurs besoins

Ou, comme l'a dit Peter Drucker à l'auteur Jim Collins : Ne te focalise jamais sur ta réussite. Concentre-toi sur ton utilité. Le succès n'est pas une raison, c'est une conséquence.

ANNEXE II

Étapes pour Organiser ses Finances

À présent, tu as acquis les informations nécessaires pour commencer à planifier et à contrôler tes positions financières actuelles. Tu vas être capable d'améliorer et de faire prospérer ta vie financière. Je te conseille de commencer par repérer l'étape à laquelle tu te situes pour ensuite te diriger vers la prochaine à atteindre.

Étape #1 Assied-toi et inscrit dans le tableur ton budget pour les mois à venir. Idéalement, planifie 1 an à l'avance. Consacre une partie de ton revenu au remboursement de tes dettes. N'abandonne pas tant que tu n'as pas suffisamment réduit tes dépenses. Elles doivent toutes tenir dans ton budget.

Étape #2 Inscris toutes tes dépenses dans le Tableur.

Étape #3 Débarrasse-toi de toutes tes Mauvaises Dettes. Commence par la plus couteuse (celle qui a le taux d'intérêt le plus élevé) puis poursuit avec celles qui te coûtent le moins.

Étape #4 Commence à Épargner pour tes Dépenses Obligatoires à Court Terme.

Étape #5 Remplis 1/3 de ton besoin en Épargne de Précaution (disons que cela représente 1 mois de la moyenne de tes dépenses mensuelles si tu as besoin d'une épargne de 3 mois). Puis continue à épargner jusqu'à atteindre 100%.

Étape #6 Commence à épargner pour ta retraite. Si ton employeur te propose un Plan Epargne Retraite, tires-en le maximum jusqu'à ce que tu l'aies rempli.

Étape #7 Crée un compte dédié à l'investissement et achète des ETF d'Actions et d'Obligations

Étape #8 Remplis intégralement ton Épargne de Précaution. À présent, tu peux commencer à épargner pour effectuer un apport lors de l'achat de ta résidence principale (pas obligatoire).

RECOMMANDATION DE LIVRES

C'est quoi la suite ?

Ça ne s'arrête pas là. L'Éducation financière est un processus permanent. Comme je te l'ai promis, voici une petite liste de livres que je te recommande que je voulais te partager. Certains traitent de l'investissement, d'autres de développement personnel, mais ce sont tous des classiques ! Si tu n'en as lu aucun, je te recommande fortement de commencer à le faire après avoir mis à jour ton Tableur Financier.

1. <u>Réfléchissez et devenez riche, Napoleon Hill.</u>

2. <u>L'homme le plus riche de Babylone, George S. Clason</u>

3. L'effet cumulé, Darren Hardy

4. Les 7 habitudes de ceux qui réalisent tout ce qu'ils entreprennent : Le livre qui va changer votre vie, Stephen R. Covey

5. Changer d'état d'esprit: Une nouvelle psychologie de la réussite, Carol Dweck

6. Le pouvoir des habitudes : Changer un rien pour tout changer, Charles Duhigg

7. The One Thing : Passez à l'essentiel, Gary Keller

8. Père riche, père pauvre, Robert Kiyosaki

Remerciements

Ce livre a été écrit avec amour. C'est un travail qui m'a pris de nombreux jours et nuits. Je tiens tout d'abord à remercier ma femme, Alice, pour sa patience (en tout cas, la plupart du temps) et mes enfants Anna et Vickie pour leur présence et la joie qu'elles me procurent. En particulier pendant les jours nuageux et pluvieux de Paris, lorsque je me vois enfermé dans une pièce pendant plusieurs heures en ne faisant qu'écrire, lire et réécrire tout ce travail.

Je remercie tous ceux qui ont lu et acheté mes travaux précédents et qui m'ont encouragé dans cette aventure. J'avais planifié beaucoup de choses mais le résultat fut bien au-delà de tout ce que j'aurais pu imaginer. Merci pour tout ça.

Je tiens aussi à remercier tout particulièrement mon ami Buchner qui, en plus d'avoir fièrement édité mon livre, m'a donné son avis en permanence sur les changements à effectuer et sur les améliorations possibles. J'apprends beaucoup de lui. J'aimerais aussi remercier un autre ami, Leo Souza. D'abord compagnon de surf, nous sommes finalement devenus amis à jamais. Il ne le sait probablement pas, mais c'est lui qui m'a donné l'idée d'écrire ce livre.

Enfin, le plus important, je souhaiterais remercier mes parents pour tout ce qu'ils ont fait. Ils sont tout simplement les meilleures personnes que je connaisse. Je suis conscient de la chance que j'ai d'avoir été élevé par ce couple heureux qui dispose toujours d'une énergie incroyable. Ils ont toujours été encourageants et positifs.

Je remercie aussi tous mes amis du Brésil, les grandes amitiés que j'ai développé à Bordeaux, mes camarades de classe de mon MBA, les lecteurs de mon blog, etc. Chaque part de bonne énergie a joué un rôle dans ce livre et je suis prêt à le donner en retour – en plus grand, si possible – au monde.

Certaines personnes disent que cette citation vient de Shakespeare, d'autres de Picasso. Ça n'a pas vraiment d'importance. À présent, je me l'approprie aussi pour te la partager :

« Le sens de la vie est de trouver son don. Le but de la vie est de le partager. »

À propos de l'Auteur

Riko Assumpção est un auteur spécialisé dans les finances personnelles et le monde de l'investissement. Originaire du Rio de Janeiro, au Brésil, il est diplômé en Economie et Relations Internationales. Il a ensuite obtenu un MBA en Finance et possède une dizaine d'années d'expérience dans le département financier de grandes entreprises internationales.

Son but est de faire prendre conscience à ses lecteurs de l'importance du contrôle financier. Les entreprises le comprennent très bien et c'est la raison pour laquelle elles dépensent autant d'argent pour conserver leur onéreux département financier. Car le jeu en vaut la chandelle. Mais tout ce dont une entreprise a besoin, une famille l'a aussi. Il essaye de simplifier toute la Finance d'Entreprise pour l'adapter à la vie de tous les jours.

Selon Riko Assumpção, tout le monde n'a pas besoin d'être riche pour être heureux. Même si avoir une vie financière saine est important pour chacun – même pour ceux qui ne luttent pas pour devenir riche – suivre la voie du contrôle financier est, avant tout, un choix personnel.

Tout le monde n'est pas obligé de le faire.

Mais il rêve du jour où chacun aura au moins l'opportunité de faire ce choix.

www.ingramcontent.com/pod-product-compliance
Lightning Source LLC
Chambersburg PA
CBHW072027230526
45466CB00020B/975